A VANTAGEM DECISIVA

PATRICK LENCIONI

A VANTAGEM DECISIVA

POR QUE TER UMA CULTURA SAUDÁVEL
É O FATOR MAIS IMPORTANTE PARA
O SUCESSO DE UMA EMPRESA

SEXTANTE

Título original: *The Advantage*
Copyright © 2012 por Patrick Lencioni
Copyright da tradução © 2021 por GMT Editores Ltda.

tradução: Flávio Chamis
preparo de originais: Olga de Mello
revisão: Suelen Lopes e Thais Entriel
projeto gráfico e diagramação: DTPhoenix Editorial
capa: Adrian Morgan
adaptação de capa: Duat Design
impressão e acabamento: Cromosete Gráfica e Editora Ltda.

CIP-BRASIL. CATALOGAÇÃO NA PUBLICAÇÃO
SINDICATO NACIONAL DOS EDITORES DE LIVROS, RJ

L583v

Lencioni, Patrick, 1965-
A vantagem decisiva / Patrick Lencioni; [tradução Flávio Chamis]. – 1. ed. – Rio
de Janeiro: Sextante, 2021.
240 p. ; 21 cm.

Tradução de: The advantage
ISBN 978-65-5564-133-2

1. Administração de empresas. 2. Desenvolvimento organizacional.
3. Comportamento organizacional. 4. Sucesso nos negócios. I. Chamis, Flávio. II. Título.

21-68662
CDD: 658.406
CDU: 005.32

Leandra Felix da Cruz Candido – Bibliotecária – CRB-7/6135

Todos os direitos reservados, no Brasil, por
GMT Editores Ltda.
Rua Voluntários da Pátria, 45 – Gr. 1.404 – Botafogo
22270-000 – Rio de Janeiro – RJ
Tel.: (21) 2538-4100 – Fax: (21) 2286-9244
E-mail: atendimento@sextante.com.br
www.sextante.com.br

SUMÁRIO

A meu pai, Richard Lencioni (1936-2008),
que me ofereceu mais do que mereci.

Introdução

Este livro é resultado de uma jornada imprevisível, iniciada na minha infância, quando eu tinha 8 ou 9 anos.

Meu pai era um vendedor extremamente competente, mas lembro que muitas vezes ele voltava frustrado do trabalho, reclamando da maneira como a empresa estava sendo gerenciada. Eu não tinha a menor ideia do que era gerenciamento, no entanto algo me dizia que não estava certo meu pai sentir essa decepção ao fim de dez horas dedicadas ao serviço.

Alguns anos depois, comecei a trabalhar como ajudante de garçom durante o ensino médio e, em seguida, como caixa de banco, já na faculdade. Foi assim que tive a primeira noção realista sobre administração. Embora ainda não entendesse todas as implicações, ficou claro para mim que algumas coisas que aconteciam na empresa em que eu trabalhava faziam sentido, mas outras não, e que tudo isso tinha um impacto significativo em meus colegas e nos clientes que atendíamos.

Depois de formado, comecei a trabalhar para uma empresa de consultoria de gestão e pensei que finalmente entenderia essa tal história de gerenciamento. Em vez disso, eu me vi fazendo coleta, entrada, análise e uma variedade de outras atividades relacionadas a dados.

Para ser justo, a empresa me ensinou bastante sobre estratégia, finanças e marketing, mas não tanto sobre organizações e a maneira como elas devem ser geridas em sua totalidade. Porém, de algum modo, fiquei convencido de que o maior problema que nossos clientes enfrentavam – e sua maior oportunidade de vantagem competitiva – não estava em algo relacionado a estratégia, finanças ou marketing, mas em tópicos um pouco menos tangíveis e que pareciam girar em torno do modo como a organização era administrada.

Quando sugeri que analisássemos esse aspecto, meus superiores educadamente me informaram que isso não era o que nossa firma fazia, algo irônico, visto que éramos uma empresa de consultoria administrativa. Mas fiquei fascinado pelo assunto e decidi que precisava mudar o foco de minha carreira.

Passei os anos seguintes trabalhando em organizações no ramo de comportamento corporativo, desenvolvimento ou psicologia. Era tudo muito interessante, mas, ao mesmo tempo, insuficiente, fragmentado e acadêmico. Eu ficava incomodado porque sabia que havia algo que precisava ser mais amplamente reconhecido e compreendido. Percebia que alguma coisa estava sendo deixada de lado. Contexto. Integração. Praticidade.

E assim, com um grupo de colegas, abrimos nossa própria empresa e eu comecei a oferecer consultorias e dar palestras sobre uma abordagem prática, visando melhorar as organizações. Tenho de admitir que nos surpreendemos com a rapidez e o entusiasmo dos clientes em responderem à nossa abordagem. Claramente, havia uma carência nesse campo. Com o tempo, ficou evidente que muitas pessoas que trabalhavam em diversos tipos de empresas, em todos os níveis hierárquicos, experimentavam a mesma insatisfação que meu pai sentira e todas estavam ansiosas por encontrar um caminho melhor.

A partir daí, comecei a escrever livros que adotavam uma abordagem prática para os diversos problemas relacionados à disfunção corporativa: trabalho em equipe, reuniões, alinhamento, engajamento dos funcionários. Paralelamente, o departamento de consultoria de minha empresa trabalhava na integração de todos esses tópicos.

A demanda por esses livros e pela abordagem integrada de implantação de nossos conceitos excedeu as expectativas mais uma vez, e comecei a me convencer de que havíamos descoberto o que faltava, a "vantagem" que eu vinha buscando ao longo de minha carreira. Com base no feedback e encorajamento de leitores e clientes, decidi que em algum momento iria reunir todas as ideias dos meus livros e práticas de consultoria. O momento é agora.

Ao contrário de meus outros livros, *A vantagem decisiva* não é uma fábula, mas sim um guia abrangente e prático. Tentei torná-lo envolvente e divertido de ler, usando exemplos do mundo real e histórias de clientes para ilustrar minhas ideias. Vale a pena mencionar que muitos dos conceitos individuais que desenvolvo aqui foram introduzidos ou abordados em uma de minhas oito fábulas sobre negócios – destaco *As obsessões de um executivo extraordinário*; *Os 5 desafios das equipes*; *Silos, Politics, and Turf Wars* (Silos, políticas e disputas de território) e *Nocaute por reunião* –, nas quais uso personagens fictícios e situações inventadas para dar vida às minhas teorias.[1] Aos que quiserem se beneficiar de uma abordagem narrativa para tópicos específicos, faço referências a tais livros sempre que possível.

Como não sou pesquisador quantitativo, as conclusões que relato não estão baseadas em fartas estatísticas ou dados detalhados, mas em minhas observações dos últimos vinte anos como consultor. Mas, como disse Jim Collins, luminar do campo de pesquisas, a pesquisa qualitativa é tão confiável quanto a quantitativa, desde que clientes e leitores atestem sua validade. Fico feliz em dizer que, baseado em minha experiência com executivos e suas organizações, os princípios apresentados neste livro provaram ser ao mesmo tempo confiáveis e simples.

Espero que você aprecie a leitura e, o mais importante, que lhe permita uma transformação em sua organização, seja ela uma corporação, um departamento dentro dessa corporação, um pequeno empreendimento empresarial, uma escola ou igreja. Meu objetivo é que, no futuro, os simples princípios aqui contidos venham a ser uma prática comum e que, consequentemente, vendedores, ajudantes de garçom, caixas de bancos, CEOs e todos os que trabalham em uma organização se tornem mais produtivos, bem-sucedidos e satisfeitos.

Um argumento para a saúde organizacional

A maior vantagem que qualquer empresa pode alcançar é sua saúde organizacional. No entanto, embora seja algo simples, gratuito e acessível, é ignorado pela maioria de seus líderes.

Essa é a premissa deste livro e da minha carreira. Estou absolutamente convencido de que é verdade. Pode até soar absurdo, pois, afinal, por que seres humanos inteligentes ignorariam algo tão poderoso e amplamente acessível?

Respondi a essa pergunta em 28 de julho de 2010.

INCLINANDO-SE À EXCELÊNCIA

Eu participava de uma conferência sobre liderança, organizada por um de meus clientes, e me sentei ao lado do CEO da empresa. Não era uma companhia qualquer. Foi, e ainda é, uma das organizações mais saudáveis que já conheci, uma das empresas americanas de maior sucesso dos últimos cinquenta anos. Em uma indústria atormentada por problemas financeiros, reclamações de clientes e conflitos trabalhistas, essa empresa incrível tem uma longa história de crescimento e sucesso econômico, isso sem mencionar a lealdade apaixonada de sua clientela. Ao mesmo tempo, os funcionários adoram o trabalho, seus clientes e seus líderes. Quando comparada a outras do mesmo setor, a trajetória dessa empresa é quase de tirar o fôlego.

Durante a conferência, ouvindo uma apresentação após outra destacar as notáveis e pouco ortodoxas atividades que tornaram a organização tão saudável, eu me inclinei e perguntei em voz baixa ao CEO: "Por que seus concorrentes não fazem o mesmo?" Depois de alguns segundos, ele sussurrou, quase com tristeza: "Sabe, acredito que eles se consideram acima de tudo isso." Exatamente!

OS TRÊS PRECONCEITOS

Apesar de seu inegável poder, muitos líderes empresariais relutam em adotar a saúde organizacional (conceito que definiremos em breve) por acreditarem, em seu íntimo, que são sofisticados demais, ocupados demais ou analíticos demais para se importar com o assunto. Em outras palavras, acham que são superiores.

De certa forma, é difícil culpá-los. Depois de anos de cursos sobre fórmulas inovadoras e exercícios específicos, até mesmo os executivos de mente mais aberta passaram a desconfiar de qualquer coisa que pareça sentimental ou piegas. Adicione a isso a noção de que boa parte da cultura corporativa foi reduzida a artefatos superficiais, como, por exemplo, móveis elegantes, aulas de ioga para funcionários ou permissão de trazer seu cão para o escritório. Não deveríamos nos surpreender pelo fato de que tantos líderes tenham se tornado cínicos e condescendentes em relação à maioria dos assuntos relacionados ao desenvolvimento corporativo.

Isso é uma pena, pois a saúde organizacional é algo diferente. Não tem nada de sentimental, e é maior e mais importante que a mera cultura. Mais do que um acompanhamento ou tempero para o verdadeiro feijão com arroz dos negócios, *é o prato onde se serve o feijão com arroz.*

A saúde de uma organização fornece o contexto para estratégia, finanças, marketing, tecnologia e tudo o que acontece dentro de uma empresa, sendo, portanto, o determinante crucial para o sucesso. Mais relevante do que talento. Do que conhecimento. Do que inovação.

No entanto, antes de os líderes poderem tirar proveito do poder da saúde organizacional, eles devem ser humildes o suficiente para superar três preconceitos que os impedem de adotá-la:

- **Preconceito da sofisticação**: a saúde organizacional é tão simples e acessível que muitos líderes empresariais têm dificuldade em reconhecê-la como uma oportunidade real para uma vantagem significativa. Afinal, não requer muita inteligência ou sofisticação, apenas um alto nível de disciplina, coragem, persistência e bom senso. Em uma época em que acreditamos que a diferenciação e o aperfeiçoamento somente podem ser atingidos por meio da complexidade, é difícil para executivos recorrer a algo tão simples e direto.

- **Preconceito da adrenalina**: Para tornar uma empresa saudável é necessário investir certo tempo. Infelizmente, muitos dos líderes com quem trabalhei sofrem de dependência crônica de adrenalina – viciados na correria diária e no contínuo combate a incêndios em suas organizações. É como se tivessem medo de desacelerar e lidar com problemas cruciais, mas que não parecem particularmente urgentes. Por mais simples que possa parecer, isso continua a ser um sério obstáculo para muitas organizações disfuncionais, lideradas por executivos que não entendem o velho ditado dos pilotos de corrida: *você tem que desacelerar para ir depressa.*

- **Preconceito da quantificação**: Por mais poderosos que sejam os benefícios de tornar uma organização saudável, é difícil quantificá-los. A saúde organizacional permeia tantos aspectos distintos de uma empresa que é quase impossível isolar qualquer variável e medir seu exato impacto financeiro. Isso certamente não significa que tal impacto não seja real, tangível e sólido, apenas que requer um nível de convicção e intuição que muitos líderes excessivamente analíticos têm dificuldade em aceitar.

Se a saúde organizacional for adequadamente entendida e colocada no contexto correto, há de suplantar todas as outras disciplinas em negócios como a maior oportunidade para aperfeiçoamento e vantagem competitiva.

Suponho que, mesmo se os líderes pudessem ser suficientemente humildes para superar cada um desses preconceitos, há ainda outra razão que poderia impedi-los de aproveitar o poder da saúde organizacional. Foi exatamente isso que me instigou a escrever este livro: o assunto nunca foi apresentado como uma disciplina simples, integrada e prática.

Estou convencido de que, se a saúde organizacional for adequadamente entendida e colocada no contexto correto, há de suplantar todas as outras disciplinas em negócios como a maior oportunidade para aperfeiçoamento e vantagem competitiva. De verdade!

Então, o que exatamente é saúde organizacional?

Pensei que você nunca ia perguntar.

COMPREENDENDO A SAÚDE ORGANIZACIONAL

Em sua essência, a saúde organizacional trata de integridade. Porém, não na acepção ética ou moral como é definida com frequência hoje em dia. Uma organização tem integridade – é saudável – quando é íntegra, consistente e plena, ou seja, quando seu gerenciamento, suas operações, sua estratégia e cultura estão ajustados entre si.

Se isso soa um pouco vago para você (soaria para mim), pense da seguinte maneira: sempre que apresento a saúde organizacional a um cliente potencial ou a uma sala cheia de executivos, começo comparando-a com algo familiar. Explico que qualquer organização com real ambição de maximizar seu sucesso deverá incorporar duas qualidades básicas: ser inteligente e saudável.

Inteligente versus saudável

Organizações inteligentes são boas nos fundamentos clássicos de negócios – como estratégia, marketing, finanças e tecnologia –, aqueles que considero ciências de decisão.

Quando comecei minha carreira na empresa de consultoria de gestão Bain & Company, fazíamos pesquisas e análises para ajudar os clientes a tomar decisões melhores e mais engenhosas nas áreas mencionadas. Ninguém com experiência nos negócios dirá que tais atividades não são determinantes para o sucesso de uma organização.

Embora a inteligência seja apenas metade da equação, ainda assim ocupa quase todo o tempo, energia e atenção da maioria dos executivos. A outra metade, que é amplamente negligenciada, refere-se a ser saudável.

Uma boa maneira de reconhecer a saúde organizacional é buscar por sinais que a indiquem. Esses sinais incluem um diminuto nível de desorganização e politicagem, um alto grau de moral e produtividade, além de baixíssima rotatividade entre bons funcionários.

Dois requisitos para o sucesso

Inteligência	Saúde
• Estratégia	• Baixa incidência de politicagem
• Marketing	• Baixo nível de desorganização
• Finanças	• Moral elevado
• Tecnologia	• Alta produtividade
	• Baixa rotatividade

Quando listo essas qualidades para os executivos, em geral recebo uma das seguintes reações, ou ambas: por vezes riem baixinho, de um jeito nervoso, quase demonstrando culpa. Ou então suspiram, como pais quando escutam falar sobre uma família em que as crianças fazem imediatamente o que lhes é pedido. Em qualquer um dos cenários, é como se estivessem pensando "Imagina só" ou "Isso não seria ótimo?".

O que acho particularmente surpreendente é que nenhum dos empresários com os quais converso, nem mesmo os mais cínicos, negam que sua empresa seria radicalmente transformada caso conseguissem alcançar as características de uma organização saudável. Eles nunca descartam a prática como bobagem motivacional, reconhecendo, de imediato, uma conexão direta entre a falta de saúde empresarial e o desempenho geral. Portanto, seria natural supor que esses executivos retornassem às suas empresas concentrando grande parte de seu tempo, sua energia e atenção em torná-las mais saudáveis.

Aprendi que mesmo líderes bem-intencionados com frequência voltam ao trabalho e tendem outra vez para o lado "inteligente" da equação, dedicando seu tempo a ajustar os aspectos de marketing, estratégias, finanças e assim por diante. Por que fariam algo tão sem sentido?

Uma das melhores explicações para esse estranho fenômeno vem de uma comédia a que assisti na infância. Fazia parte de um antigo episódio de *I Love Lucy*.

Ricky, o marido de Lucy, ao chegar em casa depois de um dia de trabalho, encontra sua esposa ajoelhada, rastejando pela sala de estar, e pergunta o que ela está fazendo.

"Estou procurando meus brincos", responde Lucy.

Ricky então pergunta: "Você perdeu seus brincos na sala de estar?"

Ela balança a cabeça.

"Não, eu os perdi no quarto. Mas a luz aqui é muito melhor."

É por aí!

A maioria dos líderes prefere procurar respostas onde a luz é melhor, onde se sentem mais confortáveis. E a luz certamente é melhor no mundo mensurável, objetivo e orientado por dados da inteligência organizacional (o lado "inteligente" da equação) do que no mundo confuso e imprevisível da saúde organizacional.

Estudar planilhas, gráficos de Gantt e demonstrações financeiras é relativamente seguro e previsível, o que a maioria dos executivos prefere. Foram treinados desse modo e assim se sentem confortáveis. O que eles em geral querem evitar a todo custo são conversas subjetivas que podem facilmente vir a se tornar emocionais e constrangedoras. E a saúde organizacional é certamente repleta de potencial para conversas subjetivas e embaraçosas.

É por isso que tantos líderes, mesmo quando reconhecem os aspectos negativos que a politicagem e desorganização estão causando às empresas, continuam usando seu tempo para aprimorar os elementos das disciplinas mais tradicionais. Infelizmente, as oportunidades de melhoria e vantagem competitiva encontradas nessas áreas são, na melhor das hipóteses, suplementares e passageiras.

Isso mesmo. As vantagens encontradas nas áreas clássicas de negócios – finanças, marketing, estratégia –, apesar de toda a atenção que recebem, são adicionais e fugazes. Em um mundo de informações onipresentes e trocas tecnológicas que se passam em nanossegundos, torna-se mais difícil do que nunca manter uma vantagem competitiva baseada apenas em inteligência ou conhecimento. As informações trocam de mãos muito rapidamente. As empresas, mesmo indústrias inteiras, conhecem o pico e o vale com mais velocidade do que poderíamos imaginar apenas uma década atrás.

Permissão para participar

Desse modo, a inteligência, por mais imprescindível que seja, tornou-se uma espécie de mercadoria. É simplesmente uma "permissão para participar", um padrão mínimo necessário para estabelecer uma possibilidade de sucesso. Decerto não é suficiente para alcançar uma vantagem competitiva significativa e sustentável durante qualquer período de tempo.

Estou convencido de que a diferença seminal entre as companhias bem-sucedidas e as malsucedidas pouco ou nada tem a ver com o conhecimento de seus executivos ou sua inteligência, mas sim com a saúde dessas empresas.

Na verdade, devo dizer que a falta de inteligência, domínio ou conhecimento do setor quase nunca é o problema que observo nas organizações. Ao longo de vinte anos de consultoria a clientes em praticamente todos os setores, ainda não encontrei um único grupo de líderes que me fez pensar: "Essas pessoas simplesmente não sabem o suficiente sobre seus negócios para serem bem-sucedidas." Grande parte das organizações atualmente tem mais do que a inteligência, experiência e conhecimento necessários para chegar ao sucesso. O que falta é saúde organizacional.

Esse ponto merece ser reafirmado. Depois de duas décadas trabalhando com CEOs, bem como com suas equipes de executivos, estou convencido de que a diferença seminal entre as companhias bem-sucedidas e as malsucedidas pouco ou nada tem a ver com o conhecimento de seus executivos ou sua inteligência, mas sim com a saúde dessas empresas.

Se você estiver tentado a ignorar tal ideia, considere o seguinte: embora eu já tenha mencionado que ainda não conheci um grupo de líderes sem conhecimento, experiência ou inteligência para obter sucesso, o fato é que conheci muitos que me fizeram pensar: "A cultura interna desta equipe na organização é tóxica demais para sustentar um negócio bem-sucedido." Tenho visto diversas empresas inteligentes encontrarem uma maneira de fracassar, apesar de seus consideráveis ativos intelectuais e estratégicos.

Mais uma vez, isso não quer dizer que ser inteligente não é importante. Claro que é. Porém, se alguém me pressionar para obter uma resposta sobre qual das características de uma organização – inteligência ou saúde – deveria ser prioritária, eu afirmaria, sem hesitação, que a saúde está claramente no topo da lista.

A saúde gera e supera a inteligência

Uma organização saudável inevitavelmente ficará mais inteligente com o tempo. Isso ocorre porque as pessoas em uma empresa saudável, começando pelos líderes, aprendem umas com as outras, identificam problemas críticos e se recuperam de seus erros com agilidade. Sem politicagem e desorganização, elas passam por problemas e se concentram em soluções com muito mais rapidez do que seus rivais disfuncionais. Além disso, criam ambientes nos quais os outros funcionários se sentem confortáveis para fazer o mesmo.

Em contrapartida, as organizações inteligentes não têm mais chances de se tornarem mais saudáveis em virtude de sua inteligência. Na verdade, acontece o contrário: líderes que se orgulham de sua experiência e inteligência muitas vezes têm dificuldade em reconhecer suas falhas e aprender com colegas. Não são abertos e transparentes, atrasando a reparação de erros tardia e estimulando a politicagem e a desordem. Isso não quer dizer que a inteligência não seja desejável, mas que não necessariamente ela oferece vantagens inerentes para que as empresas se tornem saudáveis.

O mesmo fenômeno pode ser observado em famílias. Famílias saudáveis, aquelas em que os pais provêm disciplina, afeto e dedicam tempo aos filhos, quase sempre melhoram ao longo dos anos, mesmo quando carecem das vantagens e recursos que o dinheiro oferece. Famílias doentias, aquelas sem disciplina e amor incondicional, sempre brigam, mesmo que tenham muito dinheiro, acompanhamento, psicólogos e tecnologia.

O principal ingrediente para melhoria e sucesso não é o acesso ao conhecimento ou recursos, apesar de sua inegável utilidade. O ingrediente está definitivamente ligado à saúde do sistema. Considere o seguinte: se tivesse que escolher entre dois jovens para apostar em seu futuro, sendo um deles criado por pais amorosos em um lar sólido e o outro vindo de uma família apática e disfuncional, você escolheria o primeiro, independentemente dos recursos que o cercam. Bem, o mesmo acontece no mundo empresarial.

O efeito multiplicador

Eis outra evidência da superioridade da saúde organizacional em relação à inteligência. Em minha carreira como consultor, trabalhei com várias empresas grandes e saudáveis, lideradas por homens e mulheres que frequentaram faculdades relativamente modestas, pessoas que admitiam estar apenas um pouco acima da média em capacidade intelectual. Quando essas empresas tomavam decisões sensatas que as diferenciavam de seus competidores, jornalistas e analistas da indústria atribuíam incorretamente o sucesso à superioridade intelectual de seu pessoal. No entanto, elas não eram mais "inteligentes" que seus concorrentes, apenas usavam a inteligência de modo adequado, sem permitir que desentendimentos, ego e politicagem viessem a atrapalhar.

Por outro lado, vi muitas empresas cujos líderes se formaram com honra nas principais universidades, que tinham grande capacidade intelectual, enorme experiência e conhecimento da indústria, e ainda assim falharam, sobretudo porque não souberam aproveitar seu potencial. Em quase todas as situações, a política, a inconsistência e a desordem comportamental provocaram o declínio, levando-os a incorrer em erros táticos e estratégicos que, em retrospecto, pareciam óbvios. Jornalistas e analistas muitas vezes se mostram perplexos pela maneira como executivos puderam ser "tão bobos". Todavia, eles se enganam, atribuindo as más decisões a deficiências intelectuais, sem conseguir perceber que a deficiência real, aquela que leva pessoas inteligentes a tomarem decisões equivocadas, é a falta de saúde organizacional.

Um bom modo de olhar para a saúde organizacional, um posicionamento ao qual executivos parecem responder mais prontamente, é vê-la como multiplicador de inteligência. Quanto mais saudável for uma organização, maior a quantidade de inteligência disponível para uso geral. A maioria das empresas explora apenas uma fração de seu conhecimento, sua experiência e seu capital intelectual. No entanto, as empresas saudáveis conseguem explorar substancialmente esses recursos. Isso, mais do que qualquer outra razão, é a causa pela qual tais companhias obtêm uma sólida vantagem sobre seus concorrentes pouco saudáveis.

A maioria das empresas explora apenas uma fração de seu conhecimento, sua experiência e seu capital intelectual. No entanto, as empresas saudáveis conseguem explorar substancialmente esses recursos.

Já mencionei as tendências que impedem muitos líderes de adotar os benefícios da saúde organizacional. Outra questão que vale a pena ser respondida é: por que existe um expressivo número de acadêmicos e jornalistas que rejeitam tais fatos?

Mídia e academia

Em primeiro lugar, a saúde organizacional não é algo muito atraente, portanto jornalistas não se sentem animados em falar ou escrever sobre o assunto. Nenhuma revista ou jornal quer publicar uma história sobre um líder discreto que administra sua empresa de médio porte com disciplina, bom senso e consistência. Preferem falar sobre como um ousado jovem empreendedor está agitando o mundo com uma tecnologia arrojada ou um serviço inovador. E isso faz sentido, visto que estão tentando vender revistas e atrair mais anunciantes. Contudo, não significa que suas histórias chamativas sejam necessariamente instrutivas ou práticas.

Outra razão pela qual a saúde organizacional tem sido negligenciada pela academia e pela mídia deve-se à dificuldade de medir seu impacto. Como mencionei anteriormente, tentar identificar com precisão quanto a saúde de uma empresa afeta seus resultados é praticamente impossível. Há muitas variáveis para serem isoladas na miríade de fatores. Mas, novamente, isso não torna o impacto da saúde organizacional menos real, apenas mais difícil de ser justificado de uma forma quantitativa por jornalistas e acadêmicos.

Por fim, a saúde organizacional é negligenciada porque seus componentes não parecem trazer nada de novo. E, de diversas maneiras, não trazem. Seus elementos básicos – liderança, trabalho em equipe, cultura, estratégia, reuniões – têm sido objeto de discussão dentro da academia há muito tempo. O problema é que temos observado esses elementos de maneira isolada, discreta e teórica, em vez de enfocá-los como uma prática multidisciplinar e integrada.

É tentador minimizar o fato de que a saúde organizacional tem sido menosprezada pela mídia, pela academia e por líderes como mais um fenômeno interessante e desafortunado da cultura empresarial moderna. No entanto, o custo desse menosprezo é extraordinariamente alto.

O custo da insalubridade

Qualquer pessoa que tenha trabalhado em uma organização insalubre – e quase todo mundo já passou por essa experiência – conhece a desgraça que é ser obrigado a lidar com politicagem, disfunção, desordem e burocracia. Por mais que façamos piadas sobre essa situação organizacional, não há como negar o significativo preço a ela agregado.

O custo financeiro de ter uma organização insalubre é inegável: recursos e tempo desperdiçados, produtividade reduzida, aumento da rotatividade de funcionários e atrito com clientes. O dinheiro que uma organização perde em consequência desses problemas, assim como o custo de uma posterior recuperação, é espantoso. E isso é apenas o começo do problema. Quando os líderes de uma organização não são sinceros uns com os outros, quando colocam o próprio departamento ou a própria carreira à frente das necessidades da instituição, quando estão confusos, discordam e não se identificam com o que é de fato importante, eles provocam angústia nos funcionários. Ao mesmo tempo, também experimentam essa angústia.

Além do impacto natural que isso cria dentro da empresa, há um custo social maior. As pessoas que trabalham em organizações não saudáveis acabam por ver o trabalho como algo penoso. Consideram o sucesso improvável ou, pior ainda, fora de seu controle. Isso leva a um sentimento de falta de esperança e baixa autoestima, que ultrapassa as paredes das empresas onde trabalham, interferindo em suas famílias, o que contribui para problemas pessoais intensos, cujos efeitos podem ser sentidos ao longo de anos. Trata-se de uma verdadeira tragédia, embora seja completamente evitável.

Destaco tudo isso apenas a fim de não subestimarmos o custo de permitir que nossas organizações permaneçam insalubres e, o mais importante, para que possamos aproveitar plenamente a oportunidade diante de nós. Transformar uma empresa insalubre em uma organização saudável não apenas trará uma enorme vantagem competitiva e financeira, mas também fará diferença na vida das pessoas que nela trabalham. E será um dos empreendimentos mais significativos e gratificantes da vida dos executivos que vierem a liderar esses esforços.

Bem, aqui vai a próxima pergunta que precisa ser respondida e que ocupará o restante deste livro: o que uma organização tem de fazer para se tornar saudável?

Há quatro pontos obrigatórios.

O MODELO DAS
QUATRO DISCIPLINAS

Uma empresa não se torna saudável de uma forma linear e organizada. Assim como estruturar um casamento ou construir uma família sólida, trata-se de um processo confuso, que envolve executar várias ações ao mesmo tempo e exige cuidados contínuos para que seus efeitos sejam preservados. De todo modo, esse processo caótico pode ser dividido em quatro disciplinas simples.

DISCIPLINA 1: IMPLANTAR UMA EQUIPE EXECUTIVA COESA

Uma organização não pode ser saudável se as pessoas responsáveis por administrá-la não se mostram unidas em suas atitudes de cinco maneiras fundamentais. Em qualquer tipo de organização, seja uma corporação ou um departamento interno, uma pequena empresa empreendedora ou até mesmo uma igreja ou escola, a disfunção e a falta de coesão no topo inevitavelmente levam a uma insalubridade sistêmica.

DISCIPLINA 2: CRIAR CLAREZA

Além de coesão comportamental, a equipe de liderança de uma organização saudável deve estar intelectualmente alinhada e comprometida com as mesmas respostas a seis questões simples, porém críticas. Não pode haver divergências entre os líderes no que diz respeito a essas questões fundamentais.

DISCIPLINA 3: SUPERCOMUNICAR CLAREZA

Uma vez que a equipe de liderança tenha estabelecido coesão comportamental e criado clareza em torno das respostas a essas perguntas, a equipe deve então comunicá-las aos funcionários de forma clara, repetidamente, de maneira entusiasmada, repetidamente (não, isso não é um erro de digitação). Quando se trata de reforçar a clareza, não existe excesso de comunicação.

DISCIPLINA 4: REFORÇAR A CLAREZA

Por fim, para que uma organização permaneça saudável ao longo do tempo, seus líderes devem estabelecer sistemas cruciais e não burocráticos para reforçar a clareza em todos os processos que envolvam pessoas. Toda política, toda atividade e todo programa devem ser projetados para relembrar aos funcionários o que realmente é o mais importante.

Este modelo é infalível?

Praticamente infalível. Quando os líderes de uma organização estão coesos e alinhados de forma inequívoca acerca de um conjunto de respostas a algumas perguntas críticas, quando comunicam essas respostas repetidas vezes e quando instituem processos eficazes para reforçar essas respostas, criam um ambiente onde é quase impossível impedir o sucesso. De verdade.

É claro que se esses líderes cometerem um erro catastrófico e completamente imprudente de estratégia, finanças ou marketing, eles poderão afundar a organização. Mas as pessoas em organizações saudáveis raramente cometem esse tipo de erro. Isso porque as equipes executivas coesas estimulam o pensamento em grupo, aprendem com seus erros e apontam potenciais problemas antes que saiam de controle. Por isso, a primeira das quatro disciplinas a ser analisada trata da implantação de uma equipe executiva coesa.

Imagine duas organizações.

A PRIMEIRA é liderada por uma equipe cujos membros demonstram transparência, debatem com entusiasmo questões importantes e se comprometem a efetivamente acatar decisões, mesmo que tenham discordado delas a princípio. Mencionam abertamente quando comportamentos ou desempenhos precisam ser corrigidos e concentram sua atenção no bem coletivo da organização.

A SEGUNDA é liderada por uma equipe cujos membros são cautelosos e nem sempre sinceros uns com outros. Não se expõem durante as discussões mais árduas, simulam concordância e hesitam em apontar comportamentos improdutivos. Com frequência, seguem os próprios interesses, não os da organização.

Pergunta: que tipo de vantagem a primeira organização teria em relação à segunda, e quanto tempo e energia valeria a pena investir para tornar essa vantagem uma realidade?

IMPLANTAR UMA EQUIPE EXECUTIVA COESA

O primeiro passo que uma equipe executiva deve adotar para que sua organização seja saudável, obtendo as devidas vantagens, é tornar-se coesa. Não há maneira de contornar tal fato. Se uma organização é liderada por uma equipe que não está unida em sua postura, não há chance de que venha a se tornar saudável.

É como uma família. Se a relação entre os pais é desequilibrada, a família também será. Isso não quer dizer que algumas coisas boas não serão conquistadas, mas apenas que a família/empresa não chegará nem perto de atingir todo o seu potencial.

A importância da coesão da equipe de liderança quase nunca é contestada, mesmo pelos executivos mais cínicos. Ainda assim, poucas organizações investem tempo e energia suficientes – e certamente não com o nível de rigor que a formação de uma equipe coesa requer e merece. A liderança da maioria das organizações apenas finge se importar com a ideia de que o trabalho em equipe no topo é fundamental ou subestima o necessário para alcançá-la. Seja qual for o caso, fica claro que é preciso adotar uma abordagem mais efetiva para erradicar a disfunção em suas equipes.

Poucas organizações investem tempo e energia suficientes – e certamente não com o nível de rigor que a formação de uma equipe coesa requer e merece.

Devo mencionar que escrevi um livro abordando esse tópico. *Os 5 desafios das equipes* (em inglês, *The Five Dysfunctions of a Team*) é uma fábula sobre um líder que assume uma equipe disfuncional dominada pela politicagem e trabalha ativamente para reverter a situação. O livro é o estudo de um caso fictício, porém completo e realista, sobre como uma equipe deve agir em relação à disfunção para melhorar seus resultados. Também escrevi um guia, intitulado *Overcoming the Five Dysfunctions of a Team* (Superando as cinco disfunções de uma equipe), que fornece instruções detalhadas sobre como implementar muitos dos exercícios e ferramentas que usamos em nossa prática de consultoria.[1] O que farei nesta seção é apresentar uma visão geral e abrangente desse modelo, além de oferecer conselhos sobre como abordar as cinco disfunções e compreender os comportamentos positivos que encontramos em qualquer equipe executiva coesa. Também usarei histórias reais para compartilhar o que aprendi com clientes e leitores desde que esses livros foram lançados. Mas primeiro precisamos esclarecer o que é realmente uma equipe de liderança.

DEFININDO "EQUIPE" DE LIDERANÇA

A palavra "equipe" tem sido tão usada em conversas coloquiais que perdeu muito do seu impacto. A verdade é que poucos grupos de líderes realmente trabalham como equipe, ao menos equipe no sentido necessário para nortear uma organização saudável. A maioria se assemelha ao que Jon Katzenbach e Douglas Smith, autores de *The Wisdom of Teams* (Sabedoria das equipes), chamam de "grupo de trabalho".[2]

Uma boa maneira de entender um grupo de trabalho é relacioná-lo a um time de golfe, no qual os jogadores vão ao campo, jogam sozinhos e depois se reencontram, somando suas pontuações ao fim do dia. Uma equipe de verdade é mais como um time de basquete, que joga simultaneamente, de forma interativa, mutuamente dependente e frequentemente intercambiável. A maioria dos grupos de trabalho em geral é chamado de equipe porque esta é a palavra que a sociedade usa para descrever qualquer grupo de pessoas que colaboram em seu trabalho.

**O trabalho em equipe não é uma virtude.
É uma escolha estratégica.**

Tornar-se uma verdadeira equipe requer uma decisão intencional por parte de seus membros. Costumo dizer que o trabalho em equipe não é uma virtude. É uma escolha estratégica de líderes que optam por operar como uma verdadeira equipe, aceitando voluntariamente o trabalho e o sacrifício necessários para qualquer grupo que deseje colher os benefícios de um trabalho efetivo em conjunto. Mas, antes que isso aconteça, é preciso entender e concordar com uma definição do que é uma equipe de liderança.

*Uma equipe de liderança é um pequeno grupo de pessoas cole-
tivamente responsáveis por alcançar um objetivo comum para
sua organização.*

Qualquer definição concisa para um termo tão amplamente
definido e utilizado necessitará de algum esclarecimento e definição adicional de termos. Portanto, aqui vai.

Um pequeno grupo de pessoas

Conheci incontáveis equipes que têm problemas apenas
porque são muito numerosas. Essa é uma grande dificuldade,
bastante comum. Uma equipe de liderança deve ser composta
por três a doze pessoas, embora qualquer número acima de
oito ou nove tenda a se tornar problemático. Não há nada
dogmático sobre esse limite, é apenas algo depreendido da
prática.

O excesso de pessoas em uma equipe pode causar uma
variedade de desafios logísticos, mas o principal problema se
refere à comunicação. Quando se trata de discussões e tomada
de decisão, existem duas maneiras fundamentais pelas quais os
membros de equipes eficazes devem se comunicar: advogar e
inquirir. Este conceito foi idealizado por Chris Argyris, profes-
sor da Universidade Harvard.[3]

Advogar é o tipo de comunicação a que a maioria das
pessoas está acostumada, e consiste em alguém apresentar as
próprias posições ou expor os próprios pontos de vista: *Acho
que devemos mudar nossa abordagem de publicidade* ou *Eu recomendo que reduzamos os custos*.

Inquirir é mais raro e mais importante que advogar. Acontece
quando as pessoas fazem perguntas buscando esclarecer a posição de outros: *Por que você acha que a abordagem de publicidade*

está errada? A quais aspectos você se refere? ou *Que evidência você tem de que nossas despesas são muito altas? Quão seguro você se sente sobre isso?*

Qual a relação disso com o tamanho de uma equipe? Quando uma equipe tem mais do que oito ou nove pessoas, seus membros tendem a advogar muito mais do inquirir. Isso faz sentido, porque eles não se sentem seguros de que terão a oportunidade de falar novamente em breve, por isso usam o tempo escasso para anunciar sua posição. Em uma equipe pequena, é mais provável que seus membros utilizem boa parte do tempo fazendo perguntas e buscando clareza, confiantes de que poderão ter novamente a palavra e compartilhar suas ideias ou opiniões quando necessário.

Se a ideia não estiver clara, considere uma instituição como o Congresso dos Estados Unidos ou as Nações Unidas, onde os membros usam seu precioso tempo no púlpito para dar depoimentos e fazer declarações. O mesmo acontece em grandes comitês ou em forças-tarefa dentro das organizações, em que as pessoas raramente aproveitam suas oportunidades para expandir o entendimento e a clareza, focando em apenas descarregar opinião atrás de opinião. Isso inevitavelmente leva a uma má compreensão do assunto e a uma tomada de decisão deficiente.

Se esse fenômeno é tão importante – e, baseado nas evidências ao longo dos anos em meu trabalho com líderes e suas equipes, estou convencido de que é –, eis que surge a pergunta: *por que tantas organizações ainda têm excesso de pessoas em suas equipes de liderança?*

Muitas vezes é porque desejam ser "inclusivos", uma maneira politicamente correta de dizer que pretendem difundir a imagem de uma empresa que acolhe a opinião do maior número possível de pessoas. E, por mais positivo que isso possa parecer em um adesivo ou em um pôster de flores, é uma forma nada eficaz ou eficiente de otimizar a tomada de decisões dentro da organização. A inclusão, ou sua ideia básica, deve ser obtida garantindo que os membros de uma equipe de liderança estejam adequadamente representando e aproveitando as opiniões das pessoas que trabalham para eles, e não maximizando o tamanho dessa equipe.

Outra razão pela qual as equipes de liderança costumam ser muito numerosas é a falta de perspicácia e coragem dos executivos responsáveis, que incluem pessoas em suas equipes como recompensa ou atrativo para entrar na empresa. *Eu não posso dar a Bill um aumento ou uma promoção, mas acho que ele ficará feliz se eu o incluir na equipe executiva.* Ou talvez: *Se você vier trabalhar para a minha empresa, vai se reportar diretamente a mim.* Esses são péssimos motivos para acrescentar pessoal a uma equipe de liderança.

A equipe de gerenciamento da arca de Noé

Uma pequena empresa de telecomunicações comprou um de seus concorrentes de igual tamanho e, para aplacar os executivos da empresa adquirida, o CEO concordou em fundir os dois grupos de líderes, no que chamei de equipe de liderança "Arca de Noé". Para cada posição na equipe executiva, havia dois líderes, cada um representando um lado da fusão. Dois diretores de marketing, dois diretores de vendas e assim por diante. Por mais estapafúrdia que essa solução pareça, estavam todos convencidos de que era a melhor. Com tanta gente na equipe de liderança – acredito que o número chegou a dezessete pessoas –, as reuniões viraram uma bagunça. A capacidade de tomada de decisões diminuiu, como seria de se esperar, e os executivos foram ficando tão entediados que alguns realmente dormiam durante as reuniões (não estou brincando).

Além do elemento cômico, o que tornou essa situação tão fascinante para mim foi a maneira como ela se resolveu. Os executivos começaram a ficar tão frustrados com a burocracia e o tempo perdido que reivindicaram ao CEO que os tirassem da equipe! Eles estavam dispostos a sacrificar seu cobiçado lugar à mesa e reportar-se a um colega apenas para evitar desperdiçar seu tempo e energia trabalhando em uma equipe tão grande e indisciplinada.

Ironicamente, o impacto final da abordagem Arca de Noé não foi a melhora no moral das pessoas na empresa recém-adquirida, mas um prolongado período de transição, negação e frustração.

Quando colocam pessoas em sua equipe de liderança por razões erradas, os executivos desmerecem os critérios pelos quais ela existe. A única razão para uma pessoa estar em uma equipe é porque ela representa uma parte fundamental da organização ou demonstra um talento ou visão verdadeiramente substancial. Se alguém está insatisfeito com seu salário ou status, ou sinalizando que aceitará outra oferta de emprego, o líder deve tratar a questão diretamente e não agravar a situação, tornando a equipe executiva maior e menos produtiva.

Fico espantado quando pessoas inteligentes sacrificam a eficácia e capacidade de gerenciamento de sua equipe por uma vitória tática. Essa é uma evidência inegável de que muitos executivos, apesar do que afirmam, não entendem a importância da coesão de uma equipe de liderança.

Essa talvez seja a distinção mais importante entre um grupo de trabalho e uma equipe de liderança. Responsabilidade coletiva implica, mais do que qualquer outra coisa, abnegação e sacrifícios compartilhados por membros da equipe.

De qual tipo de sacrifícios estou falando? Bem, em primeiro lugar, os sacrifícios literais e tangíveis. Isso inclui itens-padrão, como alocações orçamentárias, número de funcionários ou recursos que precisam ser transferidos de um departamento para outro. Comprometer-se a fazer tais sacrifícios é muito mais fácil em teoria do que na prática, porque nenhum líder gosta de voltar ao seu departamento e anunciar que as gratificações serão menores ou que o número de funcionários será reduzido para ajudar outro setor mais necessitado. Mas é isso que membros de equipes autênticas fazem.

Há outros sacrifícios que os membros da equipe têm que fazer, mais palpáveis, e que acontecem de forma mais regular – muitas vezes diariamente. Dois exemplos importantes são tempo e emoção.

Os membros de equipes coesas passam muitas horas trabalhando juntos em questões e tópicos que, em geral, não se enquadram diretamente em suas áreas formais de responsabilidade. Vão a reuniões para ajudar pessoas de sua equipe a resolver problemas, mesmo quando não têm a ver com seus departamentos. E talvez seja ainda mais desafiador quando entram em discussões difíceis e desconfortáveis, chegando a levantar questões espinhosas sobre as deficiências de seus colegas, com o objetivo de resolver o que impede a equipe de atingir seus objetivos. Eles fazem isso mesmo estando tentados a evitar tais cenários, podendo retornar para a relativa segurança de seu escritório, para o que chamo de "trabalho diário", isto é, as atividades rotineiras de seu departamento.

Objetivos comuns

Embora seja uma afirmação bastante simples, vale a pena ressaltar que a maioria dos objetivos de uma equipe de liderança deve ser coletiva. Se o objetivo principal da organização é um aumento nas vendas, todos os membros da equipe devem compartilhar essa meta. Não é apenas responsabilidade do diretor de vendas. Ninguém em uma equipe coesa pode dizer: *Bem, eu fiz meu trabalho. Nosso fracasso não é minha culpa.*

Este é outro conceito em que muitas equipes de liderança dizem acreditar, mas que poucos realmente aceitam. Com frequência, as equipes dependem em demasia de pessoas que trabalham exclusivamente em suas áreas de especialização, atribuindo objetivos diversos a diferentes membros da equipe, com base em seus cargos e responsabilidades de gerenciamento. E, apesar de sempre haver necessidade de divisão de trabalho e especialização departamental, os membros da equipe de liderança devem contemplar seus objetivos como sendo coletivos e compartilhados quando se trata de gerenciar as prioridades da organização.

Por fim, se uma equipe compartilha um objetivo comum, boa parte de sua estrutura de salário ou bonificações, ainda que não integralmente, deve ser baseada na realização desse objetivo comum. Quando os líderes pregam o trabalho em equipe, mas recompensam exclusivamente as realizações individuais, eles estão confundindo e criando um obstáculo para o verdadeiro comportamento em equipe.

Agora que apresentei uma definição geral do que acredito ser uma equipe de liderança, vamos nos concentrar nos passos para a construção de uma equipe coesa. Na essência do processo encontram-se cinco princípios comportamentais que toda equipe deve adotar:

COMPORTAMENTO 1:
ESTABELECENDO CONFIANÇA

Os membros de uma equipe verdadeiramente coesa devem confiar uns nos outros. Parece ser um princípio óbvio, compreendido e valorizado por qualquer organização. Por conseguinte, seria natural imaginar que a maioria das equipes de liderança o experimentasse. No entanto, isso não acontece, e acredito que boa parte do motivo vem de uma ideia errônea sobre o que é confiança.

Muitos pensam em confiança em um sentido de previsão: se você puder estimar como uma pessoa se comportará em determinada situação, conseguirá confiar nela. *Conheço Sara há anos, e tenho certeza de que, quando ela diz que vai fazer alguma coisa, ela o fará.* Um sentimento louvável, porém não é esse o tipo de confiança que será a pedra angular da construção de uma grande equipe.

O tipo de confiança imprescindível para montar uma equipe de excelência é o que chamo de confiança baseada em vulnerabilidade. Isso acontece quando os membros chegam a um ponto em que estão inteiramente confortáveis ao serem transparentes e sinceros uns com os outros, quando podem dizer com sinceridade frases como "eu errei", "preciso de ajuda", "sua ideia é melhor que a minha", "gostaria de aprender a fazer isso tão bem quanto você", e até mesmo "me desculpe".

Quando todos os integrantes de uma equipe sabem que os outros também se sentem vulneráveis o suficiente para abrir sua alma, sem que ninguém esconda suas fraquezas ou erros, eles desenvolvem um profundo e incomum senso de confiança. As conversas fluem com mais liberdade e sem temores. Não se perde tempo e energia fingindo ou pretendendo ser quem não se é. Com o tempo, o grupo cria um vínculo que excede o que muitas pessoas experimentam em suas vidas e, por vezes, infelizmente, até mesmo em suas famílias.

No cerne da vulnerabilidade está a disposição das pessoas em abandonar o orgulho e o medo, e sacrificar o ego pelo bem coletivo da equipe. A princípio, pode parecer um tanto ameaçador e incômodo. No entanto, torna-se libertador para quem está cansado de perder tempo e energia pensando demais em suas ações e gerenciando políticas interpessoais no trabalho.

Se tudo começa a soar um tanto sentimental ou piegas, tenha certeza de que não é nada disso. Não se trata de dar as mãos, cantar e entrar em contato com sua criança interior. O objetivo prático é maximizar o desempenho de um grupo de pessoas, algo totalmente viável, mesmo que a equipe esteja unindo forças pela primeira vez ou se o grupo vem trabalhando há anos em um ambiente de pouca confiança.

Histórias pessoais

A primeira parte do aprendizado para criar confiança baseada na vulnerabilidade é um pequeno passo, mas necessário, porque pedir às pessoas que se tornem vulneráveis de imediato é pouco realista e improdutivo. Embora em uma equipe verdadeiramente vulnerável os membros devam sentir-se à vontade para revelar quem são, eles precisam iniciar o processo de uma maneira não intimidante. É por isso que, durante uma sessão inicial, propomos um rápido exercício, fazendo perguntas diretas aos participantes sobre suas vidas. Em primeiro lugar, pedimos que digam onde nasceram, quantos irmãos têm, qual a ordem de seu nascimento em relação aos irmãos e, por fim, qual foi o desafio mais interessante ou difícil que vivenciaram quando crianças. Na realidade, não estamos interessados em detalhes da infância, apenas no que foi singular e desafiador em seu desenvolvimento.

No cerne da vulnerabilidade está a disposição das pessoas em abandonar o orgulho e o medo, e sacrificar o ego pelo bem coletivo da equipe.

Essa exposição leva apenas quinze ou vinte minutos e sempre funciona. Não importa quantas vezes eu a tenha feito com um grupo de líderes, sempre imagino que alguém dirá: "Mas, Pat, todos aqui se conhecem muito bem." No entanto, isso nunca aconteceu. Algumas pessoas podem ter um bom conhecimento sobre um ou dois membros do grupo, porém, toda vez que esse exercício é feito com uma equipe de liderança, os participantes sentados ao redor da mesa ficam genuinamente surpresos com o que não sabiam a respeito dos colegas.

Um renovado senso de respeito e admiração surge quando alguém descobre que um de seus colegas enfrentou e superou alguma dificuldade ou realizou algo notável. Mais importante, os membros da equipe dão início ao processo de se sentirem confortáveis com a vulnerabilidade ao perceberem que não há nada de mais – e pode ser até gratificante – em contar algo particular, que nunca haviam mencionado a seus colegas.

Além de fazer com que as pessoas se sintam mais confortáveis em sua vulnerabilidade, essa revelação serve para equilibrar o campo de atuação da equipe. Há algo poderoso e sereno em escutar o CEO de uma empresa falar sobre ter sido vítima de bullying porque era um garoto gordinho ou que sua família passou por períodos de extrema pobreza. Como consultor, sempre me impressiono ao testemunhar a rapidez com que a dinâmica de uma equipe pode ser transformada depois de um simples exercício de vinte minutos, enquanto pessoas que já se conheciam desenvolvem um nível inédito de respeito, admiração e compreensão, independentemente de cargo, idade ou experiência.

Histórias do passado

Os membros de uma equipe executiva de uma grande companhia de seguros tinham ressalvas quanto ao CFO (*Chief Financial Officer*), uma pessoa relativamente mais velha, que não dava muita liberdade a seus colegas quando se tratava de gerenciar os orçamentos. O consenso era que ele não confiava nos membros da equipe para tomar decisões, portanto tinha necessidade de gerenciá-los em qualquer situação que envolvesse gastos. O nível de frustração da equipe vinha crescendo havia anos e não parecia provável que diminuísse.

Durante o exercício de histórias pessoais, quando chegou a hora do CFO descrever sua situação familiar e a de sua infância, ele explicou que cresceu em Chicago na década de 1950, e que sua família era realmente muito pobre. Ao longo de parte da infância, a casa não tinha encanamento e o serviço de eletricidade, nos melhores dias, era instável. Parecia que ele havia crescido durante a década de 1850.

Depois de descrever como foi ter passado por tudo isso, ele fez o melhor que pôde para expor o seguinte comentário de maneira prática, embora sua emoção fosse inegável: "Então é por isso que sou tão cuidadoso com dinheiro. Nunca mais quero ser pobre."

A sala ficou em silêncio enquanto todos digeriam a sutil magnitude dessa afirmação. Foi incrível ver os executivos reavaliarem suas atitudes em relação ao CFO, resultando rapidamente em um novo nível de diálogo sobre o modo como as despesas eram discutidas. Isso não aconteceria se eles não tivessem a oportunidade de uma compreensão mútua a partir de uma perspectiva humana básica.

É claro que apenas isso não garantiria um novo nível de confiança da equipe, que naturalmente retrocederia a seu nível original após algumas horas ou dias. A discussão das histórias pessoais é apenas o primeiro passo para auxiliar os membros de uma equipe a se mostrarem mais abertos uns com outros.

Perfis

O próximo estágio, embora mais profundo que o primeiro, ainda não é ameaçador. Envolve o uso de uma ferramenta de perfil comportamental que pode fornecer aos membros da equipe uma compreensão mais profunda sobre si mesmos e sobre seus colegas. Preferimos empregar o teste de personalidade Myers-Briggs (MBTI), porque é amplamente utilizado e parece notavelmente preciso. No entanto, existem outras boas alternativas disponíveis.

A utilidade de estabelecer perfis está na neutralidade da informação revelada. Em outras palavras, não existem tipos bons ou ruins. Tudo é válido, cada tipo de membro da equipe é tão útil quanto outro. Isso pode soar como algo que uma professora de jardim de infância diria a seus alunos, mas é ao mesmo tempo verdadeiro e importante. Cada pessoa tem muitas tendências naturais que são benéficas para uma equipe, bem como algumas que não são.

O objetivo é que todos na equipe identifiquem e revelem essas tendências a seus pares, tanto para o propósito prático de fazer com que eles compreendam uns aos outros, quanto para ajudá-los a se sentir mais transparentes e abertos quanto às deficiências e limitações. Quando os membros de uma equipe de liderança reconhecem de bom grado suas fraquezas, dão aos colegas permissão tácita para aludir a esses pontos fracos. Naturalmente, também serve para validar seus pontos fortes.

Por vezes, é durante o processo de revelar a própria fragilidade que acontecem os maiores descobrimentos entre os membros de uma equipe.

Progresso por meio do sistema Myers-Briggs

Eu estava trabalhando com a equipe executiva de uma empresa de consultoria. Na época, ignorava que dois dos executivos no grupo não gostavam de trabalhar juntos e tinham um histórico de falta de confiança mútua. Durante uma sessão de Myers-Briggs, algo incrível aconteceu.

Um dos executivos, Barry, leu em voz alta para a equipe a descrição de seu questionário Myers-Briggs. Parte da descrição incluía seu perfeccionismo, que o levava a protelar a entrega de trabalhos sempre que não conseguia fazer algo exatamente da maneira que havia imaginado.

O colega com quem ele tinha problemas, Tom, o interrompeu e disse: "Leia isso de novo."

Barry leu a descrição uma segunda vez e Tom pareceu perplexo.

Finalmente, Tom declarou: "Então isso faz parte da sua personalidade?"

Barry assentiu.

"Sim, eu sou assim em casa também. Não quero demorar, apenas sinto dificuldade quando não consigo fazer algo com perfeição", afirmou ele.

"Eu pensei que você estava apenas sendo desrespeitoso comigo quando deixava para concluir certos trabalhos até o último minuto." Tom estava sendo incrivelmente sincero.

"Eu não fazia ideia..."

Barry não precisou terminar a frase.

Os dois apenas se sentaram, digerindo o impacto dessa simples, mas profunda revelação. Eu poderia jurar que ambos tinham lágrimas nos olhos.

Finalmente, Tom disse: "Sabe, eu poderia ajudá-lo com isso, se você quiser."

Barry parecia estar legitimamente aliviado, tanto pela oferta de ajuda quanto pelo avanço em seu relacionamento com Tom.

"Isso seria ótimo", respondeu ele.

E então os dois se levantaram, se abraçaram e choraram como bebês.

É brincadeira. Mas todo o resto antes da parte do abraço é verdadeiro.

Erro de atribuição fundamental

Essa história descreve um fascinante fenômeno que inibe a construção de confiança entre pessoas que não se conhecem bem. É chamado *erro fundamental de atribuição*.[4] Por mais sofisticado e complexo que possa parecer, na realidade é bem simples.

No cerne do conceito de erro fundamental de atribuição está a tendência humana de atribuir as atitudes negativas ou que provoquem a frustração de seus colegas às intenções e personalidades dos companheiros de trabalho. Ao mesmo tempo, atribuem seus próprios comportamentos negativos ou que causem frustração nos outros a fatores externos. Por exemplo, se vejo um pai no supermercado zangado com sua filha de 5 anos, agitando o dedo na direção de seu rosto, provavelmente deduzirei que o sujeito tem problemas para controlar a raiva e precisa de terapia. Por outro lado, se me flagro furioso, com o dedo apontado para o meu próprio filho de 5 anos, provavelmente concluirei que meu comportamento é causado pela indisciplina de meu filho ou então porque estou tendo um dia difícil.

Esse tipo de julgamento, em que nos damos o benefício da dúvida, mas assumimos o pior sobre os outros, danifica a confiança em uma equipe. A melhor maneira de combatê-lo é ajudar os membros da equipe a se conhecerem em um nível estrutural, provendo o máximo de informação possível sobre quem é cada um e as razões pelas quais essas pessoas agem de maneiras específicas. Ao fazer isso, aumentamos de maneira substancial a probabilidade de que todos substituam seus julgamentos injustos por insights e empatia, qualidades que permitem estabelecer confiança e boa vontade entre os membros da equipe. Ou, como diz a oração de São Francisco, devemos procurar mais *compreender do que ser compreendidos*. Embora nem sempre seja o caso, os benefícios de uma maior compreensão podem ser surpreendentes e imediatos.

Evitando uma atribuição incorreta

Eu estava coordenando um workshop de dois dias para a equipe executiva de uma empresa de tecnologia de grande porte e geograficamente dispersa. Os membros da equipe haviam vindo de vários pontos do país para a reunião, o que faziam com frequência de meses em meses.

Depois de minha apresentação de abertura sobre saúde organizacional e trabalho em equipe, houve um intervalo. O CEO me chamou, apontou para seu vice-presidente de vendas, Carl, e disse baixinho: "Provavelmente vou demiti-lo depois que o workshop terminar."

Fiquei surpreso, para dizer o mínimo. O CEO não entrou em detalhes, apenas me disse acreditar que Carl não sabia trabalhar em equipe e que parecia mais interessado em si mesmo do que no resto da organização.

Encerrado o intervalo, fizemos uma sessão de testes Myers-Briggs, e Carl anunciou para a equipe que ele era um ESTP (Extrovertido, Sensorial, Racionalista, Perceptivo). Tendo compartilhado o quarto com meu irmão que também era ESTP, consegui facilmente descrever seu tipo: "Então suponho que você não goste de protocolo e tenha uma tendência a se esquivar de reuniões e quebrar regras quando acha que isso não o ajuda a ter sucesso. Você sempre encontra uma maneira de fazer a conta fechar, mas, por vezes, irrita as pessoas ao longo do caminho. Sua equipe de campo provavelmente gosta muito de você, mas seus superiores na empresa o consideram rebelde."

As pessoas na sala começaram a rir nervosamente da precisão da minha descrição.

Falta de respeito pelo sistema e regras quebradas estão entre as atitudes que mais incomodam o tipo ESTJ do CEO (Extrovertido, Sensorial, Racionalista, Julgador). Olhei para Carl e depois voltei-me para o CEO. "Às vezes ele deve realmente te deixar louco."

Carl e o CEO olharam para mim como se eu fosse um vidente, enquanto o resto da sala explodiu em gargalhadas. Levando em conta apenas meu entendimento básico de suas características comportamentais, consegui descrever a provável dinâmica entre esses dois executivos. Carl não negou o que eu disse, enquanto o CEO acabava de ter uma percepção diferente sobre seu relacionamento com o vice-presidente de vendas. Mais importante, ele agora podia atribuir o comportamento de Carl a características de sua personalidade, e não a alguma falha de atitude. Isso não deu a Carl carta branca para fazer o que quisesse, mas certamente permitiu que o CEO adotasse uma postura mais empática em seu relacionamento de trabalho.

No fim da reunião, o CEO me puxou de lado e disse que não iria demitir Carl, uma confirmação do poder de utilizar a vulnerabilidade para superar um erro fundamental de atribuição e criar confiança.

Vulnerabilidade demais?

Algumas pessoas perguntam se é possível membros da equipe se tornarem abertos demais, o que poderia causar certa mágoa. Minha resposta é não.

Acreditar que algum integrante de uma equipe possa ser demasiadamente vulnerável é sugerir que essa pessoa é sensata por reter informações, fraquezas, erros ou necessidade de ajuda. Isso quase nunca é uma boa ideia. Talvez, durante os estágios iniciais do desenvolvimento da equipe, a vulnerabilidade completa não seja uma expectativa realista. Mas, passado esse período, a única maneira de equipes construírem verdadeira confiança é se seus integrantes se mostrarem transparentes, revelando os próprios segredos vergonhosos e tudo o mais.

A única maneira de equipes construírem verdadeira confiança é se seus integrantes se mostrarem transparentes, revelando os próprios segredos vergonhosos e tudo o mais.

Suponho que, se um membro da equipe trouxesse para toda reunião uma lista de erros e fraquezas, isso se transformaria em um problema. Mas o problema, na verdade, seria falta de competência e não vulnerabilidade demais.

Por fim, vale ressaltar que vulnerabilidade não significa o uso da equipe como grupo de terapia. Há algo constrangedor e estranho em alguém lavar toda a roupa suja na frente do grupo. Uma dose de julgamento – combinada à inteligência emocional – é sempre necessária. A grande maioria dos líderes consegue traçar esse limite.

O líder em primeiro lugar

Por mais que haja comprometimento de todos os membros de uma equipe de liderança em se tornarem mais abertos e vulneráveis, isso não acontecerá sem o exemplo do líder da equipe – seja ele CEO, diretor de departamento, pastor ou diretor da escola. Se o líder do grupo estiver relutante em reconhecer seus erros ou não for capaz de admitir uma fraqueza evidente para todos os demais, há pouca esperança de que os outros membros da equipe o façam. Na realidade, provavelmente não seria aconselhável fazê-lo, porque há uma boa chance de essa vulnerabilidade não ser incentivada nem recompensada.

Um líder invulnerável

Certa vez, trabalhei com um CEO intimidador que raramente recebia feedbacks – sinceros ou não – dos membros de sua equipe de liderança. Por insistência de seu diretor de recursos humanos, ele solicitou um feedback formal do grupo em uma pesquisa anônima, mas não compartilhou os resultados durante meses. Finalmente, o diretor de RH o convenceu a revelar o que havia descoberto.

Reunido com a equipe, o CEO leu em voz alta o que a pesquisa apontava como sua maior fraqueza. Fez uma pausa e, com um olhar um pouco confuso, perguntou: "E então, o que vocês acham?" Constrangidos, os executivos sentados à mesa se revezaram, negando que houvesse algum problema, ainda que os dados tivessem sido gerados apenas por suas informações. Em seguida, o CEO leu a próxima fraqueza que o relatório assinalava e perguntou novamente aos executivos o que eles achavam. Mais uma vez, acanhados, não se dispuseram a reconhecer os dados que eles próprios haviam fornecido. Uma reação espantosa!

Finalmente, um membro mais corajoso da equipe declarou que concordava com uma das fraquezas do relatório e que havia respondido à pesquisa de maneira coerente com os dados. Depois de uma pausa desconfortável, um dos outros membros anunciou que não reconhecia o ponto como um problema, sendo, de imediato, acompanhado por um coro de outros executivos que abandonaram seu único colega sincero e o deixaram incorrer na desaprovação do CEO defensivo.

Além do decepcionante espetáculo de covardia, o impacto real dessa reunião foi uma mensagem clara do CEO para sua equipe: *eu não vou reconhecer minhas fraquezas, portanto vocês também não deveriam fazê-lo.* A partir daquele momento, todos evitaram admitir seus erros e pedir ajuda mútua. A empresa acabou entrando em uma espiral de instabilidade e foi vendida por uma fração do seu valor anterior. E, embora jornalistas e analistas do setor atribuíssem tal desfecho a decisões equivocadas em torno de estratégia e produtos, os membros da equipe sabiam que esses eram apenas sintomas do verdadeiro problema: a falta de confiança, que começava pelo CEO.

A única maneira de um líder criar um ambiente seguro para que os integrantes de sua equipe revelem suas vulnerabilidades é tomar a iniciativa de fazer algo que, a princípio, pareça inseguro e desconfortável. Ao ficar exposto diante dos outros, correndo o risco de se tornar vulnerável sem a garantia de que os membros do grupo responderão positivamente, um líder demonstra um nível extraordinário de abnegação e dedicação à equipe. E isso lhe dá o direito e a confiança de pedir aos outros que façam o mesmo.

A confiança é apenas um dos cinco componentes que equipes coesas precisam estabelecer para construir uma organização saudável. No entanto, é de longe o mais importante dos cinco, porque é a base para o restante. Em outras palavras, é o que torna o trabalho em equipe possível. Somente quando as equipes estabelecem confiança baseada na vulnerabilidade elas se colocam em posição de adotar os outros quatro comportamentos. O segundo deles é o domínio de conflito.

DOMINANDO CONFLITOS

Ao contrário do que diz a sabedoria popular, conflito não é necessariamente algo ruim para a equipe. Na realidade, o medo do conflito é quase sempre sinal de problemas.

O conflito a que eu estou me referindo não é o tipo desagradável, que gira em torno de pessoas ou de personalidades. Pelo contrário, seria o que eu chamo de conflito ideológico produtivo – a disposição em discordar, mesmo apaixonadamente quando necessário, acerca de questões importantes e de decisões que devem ser tomadas. No entanto, isso só pode acontecer quando existe confiança.

> **Quando há confiança, o conflito torna-se apenas a busca da verdade, uma tentativa de encontrar a melhor resposta possível.**

Quando os membros da equipe confiam uns nos outros e sabem que todos os integrantes são capazes de admitir que não têm uma resposta precisa, quando estão dispostos a reconhecer que a ideia de outra pessoa poderia ser melhor que a sua, o medo do conflito e o desconforto decorrente são substancialmente diminuídos. Quando há confiança, o conflito torna-se apenas a busca da verdade, uma tentativa de encontrar a melhor resposta possível, o que não é apenas positivo, mas desejável. Conflito sem confiança, no entanto, é mera política, uma tentativa de manipular os outros a fim de fazer prevalecer um argumento, sem qualquer compromisso com a verdade.

Desconforto

Isso não quer dizer que o conflito produtivo não seja um pouco desconfortável. Mesmo entre os mais confiantes da equipe sempre haverá certo nível de desconforto associado à desavença. Mas será um desconforto saudável, um sinal da presença de uma tensão produtiva em torno de uma questão que merece discussão e debate.

Superar a tendência de fugir do desconforto é um dos requisitos mais importantes para qualquer equipe de liderança, e, na verdade, para qualquer líder. Todo esforço importante na vida, seja criativo, atlético, interpessoal ou acadêmico, traz consigo certo transtorno, o que faz lembrar um ditado: "Sem dor não há ganho." E quando evitamos a dor necessária, não só deixamos de vivenciar o ganho, como também, a longo prazo, acabamos piorando a dor.

Intolerância ao conflito

No início de minha carreira fiz parte de uma equipe com um CEO que não era capaz de tolerar conflitos. Na verdade, ele os desestimulava ativamente. Como resultado, suas reuniões de equipe eram em geral enfadonhas e não muito úteis.

Um dia, alguns dos membros da equipe executiva começaram a discutir. Lembro-me bem, pois foi o episódio mais interessante que presenciei em uma reunião, e também porque as pessoas finalmente deram atenção às questões que precisavam de análise. Sem dúvida era desconfortável, afinal as pessoas estavam expondo suas frustrações sobre a direção da organização. Mas era um momento autêntico.

De repente, o CEO empurrou a cadeira para trás, levantou-se e anunciou: "Eu não tenho tempo para isso." E saiu da sala.

Sua mensagem não poderia ter sido mais clara: *eu prefiro liderar reuniões chatas, ineficazes e que evitem questões importantes a ter que suportar o desconforto do conflito.* A partir de então, as reuniões continuaram a ser entediantes, resultando em decisões equivocadas.

Uma dessas decisões, num momento crítico sobre o direcionamento a ser dado a um produto específico, não levou mais do que alguns minutos de discussão durante uma reunião executiva. A consequência foi desastrosa, resultando no corte de centenas de empregos, clientes perdidos e, consequentemente, uma redução significativa no valor das ações. Mais de uma década depois, analistas e ex-funcionários balançam a cabeça diante da aparente estupidez da decisão. O que eles não sabem é que não foi o resultado de uma deficiência intelectual, mas da falta de vontade do líder em suportar o desconforto de conflitos saudáveis, o que permitiria que seus subordinados diretos chegassem ao cerne das questões fundamentais.

Evitar conflitos

Ainda que reuniões desgastantes e más decisões sejam, por si sós, algo bastante ruim, evitar conflitos cria problemas ainda maiores. Quando os membros da equipe de liderança evitam o desconforto entre si, estão apenas transferindo o problema – em quantidades maiores – para outros grupos de pessoas dentro da organização que deveriam servir. Em essência, eles delegam a seus subordinados a resolução de problemas que deveriam ter sido abordados pela cúpula de liderança. Isso contribui para a angústia dos funcionários e prejudica o ambiente cotidiano da companhia.

Quando os membros da equipe de liderança evitam o desconforto entre si, estão apenas transferindo o problema – em quantidades maiores – para outros grupos de pessoas dentro da organização que deveriam servir.

Por mais difícil que seja enfrentar o conflito, é importante entender que pessoas, famílias e culturas diferentes encaram dificuldades de maneiras distintas. Mesmo que todos os outros elementos sejam iguais (e quase nunca são), uma organização no Japão será muito diferente de uma na Itália quando se trata do modo como as pessoas lidam com conflito. Indo mais longe, uma equipe em Nova York pode ter uma postura que se distingue das atitudes da equipe de Los Angeles. Isso não é um problema, porque há mais de uma forma de lidar com conflitos naturais. O ruim é quando os integrantes do grupo evitam discordar, guardando suas opiniões sobre assuntos importantes e escolhendo suas batalhas com cuidado, tomando por base o provável custo do desacordo. Essa é uma receita certa tanto para a tomada de decisões erradas quanto para o ressentimento interpessoal.

Qual a razão para os que não se envolvem em conflitos desenvolverem ressentimento mútuo? Quando as pessoas deixam de ser sinceras sobre um assunto de que discordam, o desentendimento em torno dessa questão se amplia com o tempo até se transformar em frustração dirigida a outros.

Quando alguém em uma reunião expõe um ponto de vista ou faz uma sugestão com a qual seus colegas de equipe não concordam, esses colegas têm uma escolha: podem explicar seus motivos e trabalhar o desacordo, ou podem ocultar sua opinião e permitir silenciosamente a perda de respeito pelo colega. Quando os membros da equipe se habituam a escolher a última opção – guardar suas próprias opiniões –, a frustração inevitavelmente se instala. Estão decidindo tolerar seu colega em vez de confiar nele.

À medida que o tempo passa, eles mal podem esconder expressões de desgosto ou suspiros exasperados a cada vez que aquele colega fala. A mera tolerância leva o funcionário a se sentir magoado e desrespeitado, sem conseguir entender por que merece esse tratamento. Não é difícil perceber quanto esse comportamento corrói a coesão de um grupo.

Como irlandês-ítalo-americano, parece que saí do útero pronto para conflitos apaixonados, e por certo fui capaz de praticá-los regularmente durante minha infância. No entanto, alguns dos membros da minha equipe vieram de famílias que raramente gritavam ou demonstravam desaprovação uns com os outros. Isso cria um problema em potencial. A fim de mitigá-lo, os integrantes do grupo precisam estar abertos e vulneráveis o suficiente para explicar suas abordagens a respeito dos conflitos antes de encontrar um terreno comum e trabalhar juntos. Uma avaliação de perfil como Myers-Briggs se mostra útil nesse processo, pois as atitudes das pessoas em relação aos conflitos podem ser moldadas pela personalidade e pelas preferências comportamentais tanto quanto por suas famílias e origens culturais.

Diagrama de conflito

Quando se trata da variedade de diferentes dinâmicas de conflito em uma organização, descobri que há uma espécie de constância. Num extremo desse espectro não há conflito algum – o que chamo de harmonia artificial, marcada por sorrisos fingidos e falsos acordos acerca de quase tudo, ao menos de maneira pública. No outro extremo, está o conflito implacável, agressivo e destrutivo, com as pessoas constantemente na jugular umas das outras. À medida que você se afasta do extremo da harmonia artificial, encontra cada vez mais um conflito construtivo. Em algum lugar no meio desses dois extremos está uma linha demarcatória que delimita onde o conflito construtivo passa a ser do tipo destrutivo.

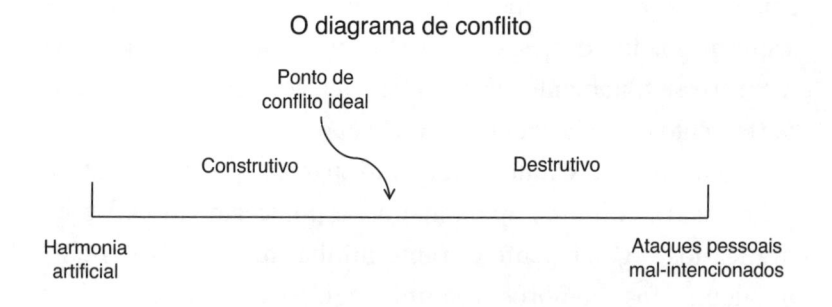

Ao contrário do que acontece nos filmes e na televisão, nos quais qualquer discussão corporativa parece um encontro de generais especialistas em estratégia de guerra, a maioria das organizações opera em algum lugar próximo do ponto de harmonia artificial desse diagrama de conflito. As pessoas se esforçam para evitar discordâncias diretas e desconfortáveis durante reuniões ou tomar qualquer iniciativa que implique se afastar da posição mais confortável. Por quê? Porque sempre que se movem para o centro dessa escala, onde terão conflitos cada vez mais construtivos, eles se veem a um passo do apocalipse. Por conta disso, correm de volta ao mundo da comunicação passiva indireta e do acordo artificial.

O melhor lugar para se estar neste diagrama de conflito é logo à esquerda da linha demarcatória (o Ponto de Conflito Ideal). Seria nesse estado que uma equipe se encontraria engajada no maior nível de conflito construtivo possível, sem passar a um território destrutivo. Claro, isso é impossível. Em qualquer equipe, e, na realidade, em qualquer família ou casamento, alguém, em algum momento, ultrapassa essa linha e diz ou faz algo nada construtivo. Mas, em vez de reprimir esse fato, as equipes precisam aceitar que essa situação acontecerá, além de aprender a administrá-la. As equipes devem estar dispostas a viver com o incômodo de se recuperar de um conflito inconveniente para ter a coragem de retornar diversas vezes ao ponto ideal de discórdia. Eventualmente, desenvolverão a confiança necessária para sobreviver a uma ruptura ocasional e podem até vir a se tornar mais resistentes e expandir o nível de confiança mútua ao longo do tempo. Mas isso nunca acontecerá se os executivos estiverem imobilizados no raso mundo da harmonia artificial.

Os benefícios de sobreviver ao conflito

Um de nossos consultores experimentou os benefícios de ultrapassar a linha demarcatória ao trabalhar com uma empresa de *leasing*. Ele assessorava o CEO, o presidente e outros executivos em questões relacionadas à remuneração e à participação acionária. Aparentemente, algumas mudanças recentes não eram populares entre diversos membros da equipe.

Durante a incômoda discussão, um dos principais executivos de vendas olhou para o presidente e explodiu: "Sabe, a verdadeira razão de estarmos aqui é porque você simplesmente se tornou ganancioso e nós agora não somos nada além de funcionários altamente recompensados!"

Uma pausa longa e desconfortável se seguiu. O presidente parecia estar em choque e os outros executivos começaram a olhar para o consultor, ansiosos para ver o que ele faria com o intuito de salvar a situação. Resistindo à tentação de interferir, ele não intercedeu para que a equipe voltasse a se recompor.

Por fim, depois de uma pausa de dez ou quinze segundos (que pareceu dois minutos para o consultor), o impetuoso executivo de vendas voltou a falar: "Espere um minuto. Isso não foi correto. Eu não posso permitir que um relacionamento de sete anos seja destruído porque perdi a calma. Gostaria de pedir desculpas e tentar novamente. Vocês mudaram a participação acionária sem nos dizer por quê. Foi uma mudança nas regras no meio do jogo, o que causou muitos ressentimentos."

O presidente aceitou o pedido de desculpas e, de repente, o restante da equipe começou a expressar algumas das preocupações que vinham guardando havia muito tempo. Ao fim da reunião – e desta vez não estou brincando –, o executivo de vendas se aproximou do presidente e deu-lhe um abraço. Foi um avanço enorme para a equipe, e isso não teria acontecido se alguém não tivesse ultrapassado a linha demarcatória – ou se o consultor não tivesse permitido que eles próprios superassem a situação.

Essa tendência à harmonia artificial por vezes se mostra presente em organizações sem fins lucrativos, principalmente igrejas. As pessoas que trabalham nessas instituições costumam ter a ideia equivocada de que não podem frustrar as outras nem ser desagradáveis umas com as outras. Confundem cortesia com compaixão.

Duas pessoas que confiam e se preocupam uma com a outra que estão envolvidas em algo importante deveriam se sentir compelidas a discordar entre si, por vezes com fervor, ao verem as coisas de maneiras distintas.

Duas pessoas que confiam e se preocupam uma com a outra que estão envolvidas em algo importante (com certeza isso se aplica a membros de uma organização sem fins lucrativos) deveriam se sentir compelidas a discordar entre si, por vezes com fervor, ao verem as coisas de maneiras distintas. Afinal, as consequências de tomar decisões inadequadas são significativas. No momento em que os membros da equipe de liderança deixam de discordar sobre questões importantes, eles não apenas aumentam a probabilidade de perder o respeito mútuo, quando as pessoas começam a reclamar nos corredores, mas também vão tomar decisões ruins e decepcionar a quem deveriam estar servindo. E fazem isso em nome da "cortesia".

Ferramentas de conflito

Mesmo quando as equipes entendem a importância do conflito, com frequência é difícil fazê-las agir em conformidade. Isso demonstra quão poderosa é nossa aversão cultural ao desconforto. Para romper essa aversão, há atitudes que um líder pode tomar.

Uma das melhores maneiras de os líderes elevarem o nível de conflito saudável em uma equipe é perscrutar conflitos em potencial durante as reuniões. Isso acontece quando suspeitam que desentendimentos encobertos estão latentes e gentilmente exigem que as pessoas se exponham. No início, a busca pelo conflito pode parecer semelhante a mexer num vespeiro e procurar por problemas. Mas o que acontece é exatamente o oposto. Ao procurar e expor possíveis desentendimentos – por vezes sutis – que não vieram à tona, os líderes – e mesmo os membros da equipe – evitam conversas destrutivas que inevitavelmente acontecem quando as pessoas relutam em se envolver num debate direto e produtivo.

Outra ferramenta para aumentar o nível de conflito é algo a que me refiro como *permissão em tempo real*. A ideia central é que as pessoas precisam de um feedback imediato e positivo quando começam a experimentar esta abordagem. E não importa quão insignificante a natureza desse conflito possa parecer: ele será desconfortável.

Assim, quando um líder vê seus subordinados se engajando em divergências durante uma reunião, mesmo a respeito de algo relativamente banal, ele deve fazer algo a princípio contraintuitivo, mas que é extremamente útil: interromper. Exatamente. Assim que os indivíduos começarem a desafiar uns aos outros, o líder deve pará-los por um momento e lembrar que o que estão fazendo é positivo.

Isso pode soar um pouco paternalista, até mesmo infantil. Mas, agindo desse modo, ele vai dar às pessoas a permissão de que necessitam para superar a sensação de culpa – e elas definitivamente lutarão contra sentimentos de culpa. Com isso, todos poderão se envolver mais facilmente em conflitos saudáveis, mas sem o desconforto nem a tensão desnecessária e perturbadora. Fiz esse teste com muitas das equipes com que trabalhei, e minha experiência diz que os indivíduos ficam genuinamente aliviados por ter alguém relembrando, naquele momento, que eles estão realmente ajudando o grupo com sua discordância. A tensão parece se dissipar e eles se sentem livres para dar foco à resolução do problema em questão.

Outra maneira pela qual os líderes podem ajudar suas equipes a superar a aversão ao conflito é criar expectativas e orientações claras sobre as implicações desse posicionamento.

Regras de participação

Um de nossos consultores trabalhou com um departamento de uma grande empresa de bebidas e convenceu o vice-presidente daquela divisão sobre a necessidade de haver mais conflitos na equipe. No entanto, como acontece frequentemente, era difícil conseguir que as pessoas se envolvessem em discussões.

Foi então que o vice-presidente estabeleceu a prática de duas regras oficiais.

Em primeiro lugar, avisou que interpretaria como um desacordo se as pessoas permanecessem em silêncio durante as discussões. Os participantes rapidamente perceberam que, caso não se manifestassem, uma decisão não poderia ser tomada. Em segundo lugar, ao fim de cada discussão, o vice-presidente pediria a cada membro de sua equipe um comprometimento formal com a decisão.

Essas regras simples mudaram a natureza das reuniões e aumentaram quase que imediatamente o nível de conflito saudável. Isso não teria acontecido se o líder simplesmente tivesse pedido à sua equipe uma maior participação em conflitos.

Por fim, é importante lembrar que a relutância no envolvimento em conflitos nem sempre configura um problema do conflito em si. Em muitos casos, e talvez na maioria deles, o problema real é a falta de confiança. Lembre-se de que enquanto os membros da equipe não se sentirem confortáveis em expor suas vulnerabilidades, eles também não estarão à vontade ou seguros para participar de um conflito. Se for esse o caso, nenhum treinamento ou discussão em torno do conflito resolverá o problema. A confiança deve ser estabelecida para que o conflito real possa ocorrer.

Do mesmo modo que a confiança permite o conflito, por sua vez, o conflito permite que o grupo passe para o próximo comportamento crítico que uma equipe coesa busca alcançar: o comprometimento.

COMPORTAMENTO 3:
CONSEGUINDO O COMPROMETIMENTO

O conflito é importante porque, sem ele, uma equipe jamais pode alcançar o comprometimento. As pessoas não vão se comprometer ativamente a aceitar uma decisão caso não tenham a oportunidade de apresentar sugestões, fazer perguntas e entender sua lógica inerente. Outra maneira de dizer isso é: "Pessoas que não se envolvem não consentem ativamente."

Quando líderes esperam por um consenso antes de agir, eles geralmente chegam a decisões um tanto desagradáveis para todos e que são tomadas tarde demais. Essa é uma receita para mediocridade e frustração.

Este é um ponto crítico e precisa ser esclarecido, pois não deve ser interpretado como um argumento para o consenso.

Quando líderes esperam por um consenso antes de agir, eles geralmente chegam a decisões um tanto desagradáveis para todos e que são tomadas tarde demais. Essa é uma receita para mediocridade e frustração.

Equipes de sucesso evitam a "armadilha do consenso" ao abraçar um conceito que a Intel, lendária fabricante de microchips, chama de "discordância e comprometimento". Basicamente, acredita-se que, mesmo quando as pessoas não conseguem chegar a um acordo acerca de um problema, elas ainda precisam deixar a sala sem qualquer dúvida quanto ao comprometimento com uma ação comum. Ao ouvir falar dessa filosofia de discordância e comprometimento, a maioria dos executivos se convence imediatamente de que querem empregá-la. Mas é preciso lembrar que tal utilização requer uma disposição por parte do líder de convidar todos ao desconforto do conflito. Afinal, o princípio de discordância e comprometimento não pode acontecer sem o empenho tácito da parte discordante.

Em suma, só depois que os colegas expressarem e oferecerem suas opiniões sem hesitação é que o líder poderá cumprir com segurança uma de suas responsabilidades principais: tomar uma decisão definitiva. Quando o chefe sabe que todos da equipe analisaram e se posicionaram sobre as possíveis perspectivas para uma decisão consciente, ele poderá levar a discussão a um desfecho claro e inequívoco, e esperar que o grupo inteiro se una em torno da decisão final, mesmo aqueles que inicialmente discordaram.

Alguns líderes têm dificuldade em acreditar nisso. Eles acham que, se houver desacordo em torno de um tópico controverso, reduzirão a probabilidade de conseguirem o comprometimento, embora isso seja subestimar seus funcionários. Há pouca gente incapaz de apoiar uma decisão apenas por ter, de início, uma ideia diferente sobre o assunto. A maioria das pessoas geralmente é ponderada e consegue se unir para esmiuçar um ponto de vista alheio, desde que estejam conscientes de que tiveram a chance de intervir. Todavia, sem o conflito, quando opiniões divergentes não foram expostas e debatidas, para os integrantes de uma equipe torna-se praticamente impossível o comprometimento com uma decisão, ao menos de modo ativo.

Quando funcionários saem de uma reunião sem um compromisso firme quanto a uma decisão, eles não voltam para seus escritórios e elaboram um plano para sabotar a ideia. Isso acontece apenas na televisão e no cinema, já que é um excelente enredo para um ótimo drama. Na vida real, o que acontece é muito mais incômodo – e perigoso.

Boa parte dos líderes aprendeu a arte do acordo passivo: ir a uma reunião, sorrir e acenar com a cabeça quando uma decisão com a qual eles não concordam é tomada. Então voltam para seus escritórios e fazem o mínimo possível para apoiar essa ideia. Eles não a promovem em sua própria equipe, e certamente não vão correr até os trilhos para evitar um acidente. Em vez disso, sentam-se e observam os problemas que acontecem, aguardando com tranquilidade as coisas desmoronarem. Então poderão dizer: "Bem, na verdade nunca gostei dessa ideia." O impacto disso é muitas vezes embaraçoso e dispendioso para a organização.

O preço da passividade

A equipe executiva de uma empresa farmacêutica internacional percebeu que suas vendas estavam começando a diminuir, enquanto as despesas seguiam na direção oposta. Durante uma reunião, o CEO decidiu que, em um esforço para reduzir os custos, não haveria tantas viagens aéreas de primeira classe e classe executiva. Algo nada fácil de ser aceito pelos funcionários que viajavam com frequência e por longos percursos.

Como de costume, nenhum debate foi incentivado. Os executivos simplesmente concordaram com a cabeça, algo que o CEO, de bom grado, aceitou como um compromisso.

Bem, metade dos executivos da reunião instruiu suas equipes a cumprir a impopular ordem de mudar a maneira como viajavam. A outra metade disse a seus funcionários que ignorassem a determinação. Quando as pessoas começaram a perceber a discrepância de comportamento entre os departamentos, a irritação e frustração explodiram.

As equipes dos departamentos obedientes mostraram-se contrariadas com as chefias por determinarem um padrão de comportamento mais severo do que o de seus pares de outros setores. Por sua vez, esses líderes ficaram indignados com os colegas da equipe executiva que haviam ignorado o suposto acordo.

O custo de não conseguir um comprometimento real, resultado do não engajamento em conflitos saudáveis, foi inegável. Esqueça o custo financeiro relativo às pessoas que continuaram a voar em classe executiva. Esse valor é ínfimo comparado à perda de credibilidade sofrida pelos executivos e à politicagem interna que criaram ao não conseguir estabelecer um compromisso real e ativo acerca de uma decisão.

Existe apenas uma maneira de evitar a sabotagem passiva: os líderes não devem inibir conflitos dos membros de sua equipe, e todos precisam saber que serão responsabilizados por acatar o que foi decidido.

Acordos específicos

Sempre me surpreendo com o fato de que até mesmo equipes que legitimam conflito e debate sincero ainda podem resistir ao comprometimento. Isso acontece porque os integrantes não chegam a acordos específicos ao fim de suas discussões. Embora todos estejam sentados na mesma sala e falem a mesma língua, muitas vezes saem da reunião com ideias diferentes sobre o que acabou de ser decidido. Há apenas uma maneira de evitar isso.

Ao fim de cada reunião, as equipes devem dedicar alguns minutos adicionais para garantir que todos tenham o mesmo entendimento sobre o que foi acordado e exatamente com o que estão se comprometendo. Infelizmente, as pessoas em geral ficam ansiosas para ir embora quando a reunião vai chegando ao fim, e, por isso, são mais suscetíveis a tolerar um pouco de ambiguidade. Equipes afinadas mantêm disciplina a fim de revisar seus compromissos e permanecer pelo tempo necessário para esclarecer qualquer item que não esteja claro.

Uma boa maneira de garantir que as pessoas levem esse processo a sério é exigir que elas, após a reunião, voltem para suas equipes e comuniquem exatamente o que foi acordado. Quando os membros da equipe sabem que vão ter que anunciar uma resolução para seus subordinados, tornam-se muito mais propensos a rejeitar essa resolução caso não a tenham entendido ou não concordem com ela. Por mais excruciante que seja para um grupo de executivos ansioso, a única coisa mais dolorosa do que dedicar mais tempo a obter clareza e comprometimento é sair com uma mensagem confusa e ambígua.

Desalinhamento catastrófico

Um de nossos consultores trabalhou com a equipe de liderança de uma organização de tecnologia de informática para tornar mais claros os principais propósitos e metas do departamento. Depois da reunião, o consultor encorajou a equipe a continuar trabalhando até todos terem certeza sobre quais seriam essas metas e esses propósitos, antes de tomar a iniciativa de fazer qualquer comunicação para o restante da organização.

A equipe prometeu se reunir outra vez para eliminar possíveis inconsistências. Infelizmente, isso não aconteceu, e eles decidiram organizar uma grande reunião de lançamento para revelar os novos princípios de metas e propósitos aos mais de cinquenta gerentes que trabalhavam em suas divisões.

Nesse encontro, um grupo de líderes da equipe executiva começou a apresentação e logo encontrou certa resistência a suas ideias. No entanto, a reação não veio de um dos cinquenta gerentes, mas de um membro da equipe executiva. O executivo resolveu anunciar, então, que jamais havia aprovado ou concordado com o que estava sendo apresentado.

Todos na sala ficaram perplexos. A falta de comprometimento da equipe executiva bloqueou o impacto do trabalho já executado e também levou os líderes a perderem a credibilidade diante das pessoas que tentavam gerenciar. "Parecemos tolos, e com razão", admitiu o líder da equipe executiva. "Não fomos capazes nem mesmo de concordar internamente, e lá estávamos nós, pedindo ao restante da organização para colaborar. Prometi que isso nunca mais voltará a acontecer."

Na reunião seguinte do comitê executivo, a equipe decidiu insistir em esclarecer por completo os termos do compromisso que estava sendo acordado. E quando novamente se reuniram com o grupo maior, não apenas demonstraram alinhamento, como também manifestaram vulnerabilidade ao reconhecer a disfunção do que acontecera anteriormente e anunciar as medidas que tomariam para evitá-la no futuro.

Embora poucos duvidem da importância de obter um compromisso claro e eficiente ao fim de uma discussão, muitos não pensam na razão prática pela qual isso é tão crítico. Somente quando as pessoas estão conscientes de que seus colegas acataram completamente uma decisão é que terão coragem de abraçar o quarto e mais difícil comportamento de uma equipe coesa: a responsabilização.

COMPORTAMENTO 4:
ADOTANDO A RESPONSABILIZAÇÃO

Mesmo os membros bem-intencionados de uma equipe precisam se responsabilizar, de modo que o grupo possa ater-se às decisões e atingir seus objetivos. Em alguns casos, as pessoas conscientemente se distanciam de um plano ou de uma decisão, tentadas a fazer algo que seja de seu interesse individual, mas não da equipe. Em outros momentos, perdem o rumo sem perceber, por descuido ou envolvimento na agitação do trabalho diário. Em qualquer um dos cenários, é função da equipe alertar essas pessoas.

Caso tenham dúvidas se seus colegas concordaram – *realmente* concordaram – com as decisões que foram tomadas, é difícil que as pessoas aceitem dar satisfações sobre suas atitudes. É por isso que o comprometimento é tão importante. Quando todos sabem que houve apenas um compromisso passivo com uma decisão, poucos se sentirão confortáveis em confrontar um colega sobre seu comportamento. Nem deveriam. Afinal, se uma pessoa nunca concordou de fato com aquela decisão, por que ela admitiria que um colega apontasse seu desvio?

Pressão dos colegas

Observe que estou focando nos colegas de trabalho. Isso porque a responsabilização entre colegas é a principal e mais eficaz fonte de responsabilidade na equipe de liderança em uma organização saudável. A maioria das pessoas presume que o líder de uma equipe executiva deva ser o principal elemento de responsabilização. Isso é a norma na maioria das instituições pouco saudáveis, mas não é eficiente nem prático, e faz pouco sentido.

A responsabilização entre colegas é a principal e mais eficaz fonte de responsabilidade na equipe de liderança.

Quando os membros de uma equipe se dirigem ao líder a cada vez que veem um colega se esquivar de um compromisso assumido, criam um ambiente perfeito para alienação e politicagem. Colegas começam a imaginar quem os delatou, ficam ressentidos uns com outros, enquanto o líder acaba sendo constantemente envolvido em situações que, sem sua intervenção, poderiam ser resolvidas de forma mais rápida e produtiva.

Quando os membros da equipe sabem que seus colegas estão realmente comprometidos, podem confrontar uns aos outros sem temer uma rejeição ou reação adversa. Afinal, eles estão apenas ajudando um colega a entrar nos eixos ou buscando esclarecer algo que não parece correto. Além disso, a pessoa questionada sobre seu comportamento ou desempenho estará disposta a admitir que perdeu o rumo inadvertidamente – afinal, ela é vulnerável – e ajustará seu comportamento de acordo à necessidade.

Sei que pessoas acostumadas a trabalhar em equipes não coesas pensarão que isso soa como um conto de fadas. Para aqueles que vivenciam a realidade de participar de uma equipe coesa, essa é apenas a maneira mais eficaz de manter o foco no essencial.

Responsabilização em funcionamento

Um de nossos consultores estava trabalhando com uma equipe de liderança estabelecida havia menos de um ano e que não tinha encontros presenciais por vários meses. Em decorrência disso, as relações do grupo eram um tanto difíceis.

Durante uma reunião fora da sede da empresa, nosso consultor conduziu um exercício de responsabilização, exigindo que os membros da equipe se confrontassem sobre seus comportamentos. O exercício, que não é tão assustador quanto parece, em geral leva cerca de uma hora. Mas naquele caso, visto que a equipe não se encontrava por tanto tempo, e porque haviam assumido um compromisso de responsabilização mútua, a sessão durou três horas.

Eis alguns dos comentários proferidos durante o exercício: "Você precisa se manter firme contra o CEO, e não deixá-lo seguir em frente quando ele toma uma decisão unilateral." "Você está sempre me envolvendo em conversas desnecessárias. Basta ir direto aos meus relatórios para obter o que precisa." "Seus subordinados não dizem, mas seu humor sarcástico ofende e prejudica a equipe."

"Você tem reclamado a meu respeito para seus colegas, mas não vem conversar comigo diretamente. Isso tem prejudicado a todos." "Cuidado com sua atitude arrogante. Ela impede nosso brainstorming."

Durante essas três horas, houve certa tensão. Mas as pessoas realmente se escutaram e até riram. Mais importante, não houve hesitação em se manifestar. E, embora a sessão tenha sido longa, o grupo conseguiu reverter grande parte da confiança perdida ao longo dos meses em que não se encontraram, provando a si mesmos que estavam comprometidos em trabalhar como uma equipe funcional.

Superando a covardia

A ironia é que a única maneira de uma equipe desenvolver uma verdadeira cultura de responsabilização entre colegas se dará quando o líder demonstrar sua disposição em enfrentar situações difíceis, tornando cada um responsável por seus atos. O líder da equipe, mesmo quando não for o principal responsável, será sempre o árbitro final. Se ele relutar ao desempenhar esse papel – fraquejando e constantemente hesitando quando for necessário chamar a atenção de alguém sobre seu comportamento ou desempenho –, então o resto da equipe não irá cooperar. Isso faz sentido: por que um membro da equipe confrontaria um colega sobre uma questão, quando o líder da equipe não se dispõe a fazê-lo e provavelmente vai deixar tudo do jeito que está?

Então – e aqui, sim, está a ironia – quanto mais confortável for para um líder responsabilizar as pessoas de sua equipe, menor a probabilidade de que ele seja solicitado a fazê-lo. Por outro lado, quanto menor a probabilidade de confrontar seus subordinados, mais frequentemente ele será solicitado por aqueles que não estão dispostos a fazer seu "trabalho sujo". Sei disso porque tenho dificuldade em responsabilizar pessoas de minha equipe, e estou ciente de que a relutância do grupo em fazê-lo é uma simples consequência do meu comportamento. (Estou trabalhando nisso.)

Muitos líderes têm dificuldade com responsabilização, mas não têm consciência disso. Alguns me dirão que, já que não se sentem mal por demitir funcionários, não há um problema de responsabilização. Na realidade, isso é equivocado. Demitir alguém não é necessariamente um sinal de responsabilização. Muitas vezes é o último ato de covardia de um líder que não sabe como, ou não está disposto a responsabilizar seus subalternos.

Responsabilizar alguém é importar-se com a pessoa o suficiente a ponto de arriscar que ela o culpe por haver apontado suas deficiências.

Em sua essência, a responsabilização é ter coragem de confrontar alguém sobre suas deficiências, manter-se firme e lidar com sua reação, que pode não ser agradável. É um ato altruísta, enraizado em uma palavra que eu geralmente não uso em um livro de negócios: amor. Responsabilizar alguém é importar-se com a pessoa o suficiente a ponto de arriscar que ela o culpe por haver apontado suas deficiências.

Infelizmente, é muito mais comum que líderes evitem responsabilizar pessoas de suas equipes. Esse é um dos maiores obstáculos que observo, impedindo que essas equipes e as empresas atinjam seu pleno potencial. Não é surpresa que entre as equipes que completam a avaliação das cinco disfunções em equipes, conforme o quadro a seguir, as pontuações mais baixas em geral sejam encontradas na área da responsabilização.

O DESAFIO UNIVERSAL DA
RESPONSABILIZAÇÃO POR PARES

The Table Group identificou uma tendência que aflige muitas equipes na atualidade: seus membros evitam responsabilizar os pares pelo desempenho e por comportamentos que podem prejudicar todo o grupo. Essa foi a conclusão do The Table Group ao computar respostas on-line a 38 perguntas para medir a provável suscetibilidade da equipe a cinco disfunções. Ao analisar 12 mil equipes que completaram a avaliação on-line, os dados mostraram que um total de 65% dos grupos marcou "vermelho" no item responsabilização – o menor de três níveis do The Table Group (verde/amarelo/vermelho). Outras pontuações do nível "vermelho" para os quatro comportamentos restantes incluem confiança (40%), conflito (36%), comprometimento (22%) e resultados (27%).

Porcentagem de pontuação de equipes na categoria mais baixa

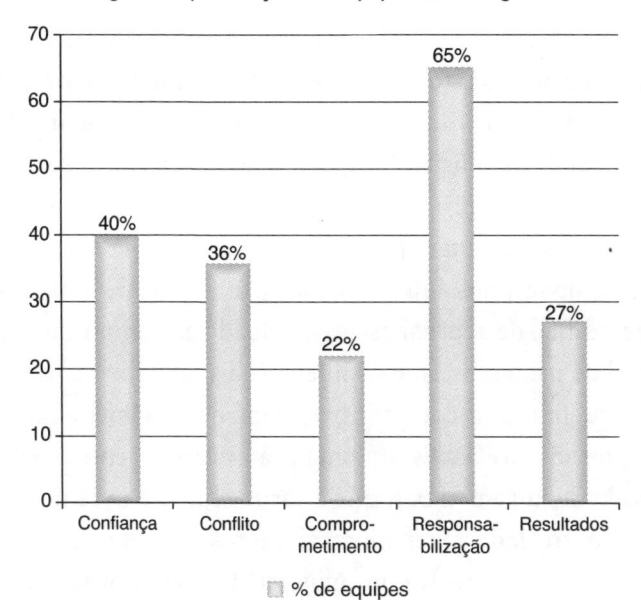

Muitos líderes que lutam contra esse problema (e sou um deles) tentam se convencer de que a relutância é produto de sua gentileza. Eles apenas não querem que seus funcionários se sintam mal. Mas uma reavaliação sincera de sua motivação os fará admitir que são eles os que não querem se sentir mal, e que a omissão de responsabilizar alguém é, em última análise, um ato egoísta.

Afinal, não há nada nobre em reter informações que poderiam ajudar um funcionário a melhorar. Eventualmente, a falta de aprimoramento do funcionário reaparecerá em uma futura avaliação de desempenho, ou quando ele for demitido. E tenho certeza de que não há qualquer bondade em demitir alguém que nunca foi confrontado sobre seu desempenho.

Comportamentos versus medidas mensuráveis

Alguns líderes não percebem que têm um problema de responsabilização porque se sentem confortáveis em confrontar as pessoas sobre questões relacionadas a um desempenho mensurável. Por exemplo, quando um relatório indica que alguém falhou em sua meta de vendas ao longo de quatro trimestres seguidos ou não entregou um produto no prazo e de acordo com as especificações, o líder não terá problema em agir. Na verdade, essa é uma forma de responsabilização, mas não a crucial. O mais importante e difícil de abordar está relacionado ao comportamento.

Afinal de contas, mesmo os líderes mais relutantes e temerosos conseguem reunir coragem para confrontar alguém que não completou suas tarefas. Essa é uma ação relativamente objetiva, desprovida de julgamento, o que a torna segura e livre de emoções. Por outro lado, questionar alguém sobre seu comportamento é diferente. Envolve um julgamento que, provavelmente, provocará uma reação defensiva.

A razão pela qual responsabilidade comportamental é mais importante do que a de caráter quantitativo ou relacionada a resultados não tem a ver com o fato de que a primeira é mais difícil de abordar. Problemas comportamentais quase sempre precedem – e causam – uma queda no desempenho e nos resultados.

Não importa se estamos falando de um time de futebol, de um departamento de vendas ou de uma escola: uma queda significativa no desempenho mensurável quase sempre pode ser atribuída a problemas comportamentais anteriores. Falta de atenção a detalhes, aumento considerável no número de dias de ausência ao trabalho por doenças leves, preparação deficiente dos planos de aula, todos são problemas comportamentais e ocorrem muito antes de qualquer indicação nos resultados mensuráveis. Líderes e membros da equipe, quando são competentes, confrontam-se de imediato sobre tais atitudes, porque reconhecem a conexão implícita e se importam o suficiente com a equipe para assumir um risco, antes que os resultados comecem a declinar.

É sempre importante destacar a vantagem competitiva que uma organização inclinada a realçar a responsabilização tem sobre outra cujos líderes não tomam para si esse encargo. Mais do que tudo, os problemas são identificados e resolvidos bem cedo e sem o dano colateral da politicagem. Seja em termos de maior receita, maior produtividade ou menor rotatividade, os benefícios efetivos são concretos e reais.

Vale a pena salientar que as pessoas muitas vezes confundem responsabilização com conflito, porque ambos envolvem desconforto e emoção. Mas há uma enorme diferença entre os dois. Conflito é sobre questões e ideias, enquanto responsabilização trata de desempenho e comportamento. Por maior que seja a dificuldade de alguns para entrar em conflitos, ao menos o conflito é algo mais objetivo e desprovido de fatores comportamentais.

Difícil, para a maioria das pessoas, é lidar com o que envolve um julgamento pessoal e comportamental.

Exercício de efetividade da equipe

Uma boa ferramenta para grupos que querem melhorar sua capacidade de responsabilização é o exercício de eficácia da equipe. Explicarei aqui em detalhe, porém é bem simples. Requer apenas uma ou duas horas, e tem capacidade de transformar o modo como os membros de uma equipe podem incrementar seu padrão, promovendo parâmetros mais elevados de desempenho. É algo poderoso.

Normalmente, praticamos esse exercício ao fim de dois dias de reunião, mas apenas quando acreditamos que a equipe tenha desenvolvido uma base de confiança substancial (o que em geral acontece). Se os membros da equipe não conseguirem mostrar vulnerabilidade, não há sentido em fazê-lo.

O exercício começa com cada um escrevendo algo que outros do grupo tenham feito para ajudar a melhorar a equipe. Em outras palavras, registram por escrito, para todo o grupo, o item de maior impacto no que diz respeito à sua atuação. Não estamos interessados em habilidades técnicas, mas na maneira como se comportam quando a equipe está unida, e, em especial, o que a torna mais forte.

Em seguida, pedimos que repitam o exercício e se concentrem no aspecto de cada pessoa que, por vezes, prejudica a equipe. Depois de dez ou quinze minutos de consideração ponderada e anotações, todos terminam.

Então, pedimos que cada um aponte uma característica positiva a respeito do líder. Em seguida, permitimos que o líder sintetize sua reação em uma única frase. Na maioria dos casos, ele se mostra bastante humilde diante do feedback positivo, às vezes até surpreso. Depois, repetimos o processo, porém, dessa vez, pedindo às pessoas que relatem uma característica que o líder precisa melhorar. O líder volta a ser convidado a dar uma opinião breve sobre o que sentiu – não uma réplica, mas simplesmente uma reação – em relação ao feedback, depois que todos tiverem contribuído. Em quase todos os casos há aceitação e apreciação.

Em seguida, o mesmo exercício é feito com todos os outros membros da equipe. Em geral demora cerca de dez minutos para cada pessoa receber o feedback positivo e construtivo dos colegas, externando então sua reação. Depois de uma ou duas horas, dependendo do tamanho da equipe, a experiência está completa. Nesse momento, as pessoas demonstram alguma satisfação pelo feedback direto, sincero e útil que acabaram de compartilhar.

O benefício do exercício vai muito além do mero compartilhamento de informações, por mais importante que seja a troca de impressões. O maior impacto é a percepção, por parte da equipe de liderança, de que a responsabilização recíproca é uma atividade produtiva e contínua, e que continuará sendo aplicada no futuro. Em algumas situações, o resultado é particularmente poderoso.

Rotatividade voluntária

Um de nossos consultores estava trabalhando com a equipe de liderança do departamento de tecnologia de informação em uma grande empresa. Muitos no grupo não gostavam do comportamento de um dos integrantes, Fred, que era bastante próximo do CIO (*Chief Information Officer*) que comandava a equipe. Para eles, o CIO não responsabilizava Fred por seu comportamento destrutivo, demonstrando, portanto, claro favoritismo. O CIO admitiria mais tarde que ele realmente valorizava o conhecimento técnico de Fred e que apresentava resistência em tomar qualquer atitude que pudesse levá-lo a sair da empresa.

Durante uma reunião, a equipe confrontou o CIO sobre não ser atento à responsabilização, em particular com Fred. O CIO reconheceu a questão e anunciou que iria cuidar do assunto.

Ao longo dos meses seguintes, o CIO começou a responsabilizar Fred com mais frequência. Igualmente importante, a equipe seguiu o exemplo, interagindo com Fred mais diretamente sobre seu comportamento. Sem o apoio que havia se acostumado a receber do chefe, Fred acabou decidindo que não queria mais fazer parte da equipe e deixou a empresa.

Ao contrário de seu receio sobre as possíveis consequências de perder Fred, o CIO descobriu que o desempenho do resto da equipe melhorou. Ele atribuiu isso à ausência de Fred e à nova cultura de responsabilização que o grupo adotou.

Perder um integrante da equipe não é de forma alguma um resultado comum, decorrente da implantação de uma cultura de responsabilização. Na maioria dos casos, os membros simplesmente aprendem a exigir mais uns dos outros e observam o desempenho coletivo melhorar. Em outros, porém, a única maneira de resolver o problema é perder alguém da equipe. Mas, repito, isso certamente não é a norma.

Não importa qual seja a situação, sempre haverá algum desconforto quando os integrantes da equipe tiverem que se confrontar sobre seu comportamento. No entanto, no fim, o nível de coesão e satisfação pessoal entre os que abraçam a nova conduta supera qualquer desconforto temporário.

Público versus privado

Muitas vezes me perguntam se os líderes devem responsabilizar seus subordinados individualmente ou em reuniões com toda a equipe. Embora cada caso seja um pouco diferente, acredito que, em equipes coesas, responsabilização é mais bem administrada com todo o grupo. Digo isso porque quando todos se permitem ser confrontados publicamente, obtêm benefícios que não ocorrem quando isso ocorre de maneira particular.

Em primeiro lugar, quando a responsabilização é tratada durante uma reunião, todos da equipe recebem a mensagem simultaneamente e não necessitarão cometer o mesmo erro para aprender a lição da pessoa que está sendo responsabilizada. Segundo, todos saberão que o líder está responsabilizando o colega, o que encerra a possível dúvida se o chefe está realmente fazendo o seu trabalho. Por fim, serve para reforçar a cultura da responsabilidade, o que aumenta a chance de os membros da equipe fazerem o mesmo uns com outros. Quando os líderes – e os colegas – limitam suas discussões sobre responsabilização a conversas particulares, outras pessoas imaginam como essas discussões estão acontecendo. Isso muitas vezes leva a conversas improdutivas nos corredores e conjecturas sobre quem sabe o que sobre quem.

Tudo muda quando se trata de abordar questões relativamente sérias, com ações corretivas, ou caso um líder acredite que um membro de sua equipe não deve mais fazer parte da empresa. Nesse caso, é melhor tratar o assunto de forma particular, em respeito à dignidade da pessoa responsabilizada. No entanto, como isso pode ser arriscado, é aconselhável ao líder informar ao seu pessoal que está lidando com a situação para evitar especulações improdutivas e perigosas.

Por mais desconfortável e difícil que seja, a responsabilização ajuda uma equipe e uma organização a evitar situações que posteriormente podem se tornar muito mais custosas e complicadas. Também permite que um grupo adote o último comportamento crítico de uma equipe coesa: o foco nos resultados.

FOCO NOS RESULTADOS

O objetivo final de implantar maior confiança, além de conflito, comprometimento e responsabilidade, é evidente: a obtenção de resultados. Embora pareça óbvio, um dos maiores desafios para o sucesso da equipe é a falta de atenção aos resultados. Quais os focos dos integrantes de uma equipe executiva, se não os resultados de sua organização? Bem, possivelmente os resultados de seu departamento. Muitos líderes parecem ter mais afinidade e lealdade ao departamento que lideram do que à equipe da qual são membros e à organização que deveriam servir coletivamente. Outras distrações incluem a preocupação com o futuro de sua carreira individual, alocações orçamentárias, status e ego, desvios comuns que impedem as equipes de manter o foco no objetivo primordial de alcançar resultados.

> **Não importa quanto a equipe de liderança esteja satisfeita consigo mesma nem que acredite ter uma nobre missão: se a organização raramente alcança seus objetivos, então, por definição, simplesmente não se trata de uma boa equipe.**

Algumas pessoas veem essa ênfase nos resultados como um tanto fria e pouco inspiradora. Mas não há como ignorar o fato de que a única medida para avaliar uma equipe de sucesso – ou uma ótima organização – é se ela efetivamente concretiza o que se propõe a realizar. Alguns líderes de equipes que não alcançam bons resultados insistem que, apesar disso, têm um excelente time, pois seus membros se importam uns com os outros e não há baixas no grupo. Uma descrição mais precisa dessa situação seria dizer que eles têm uma equipe medíocre, que aprecia a companhia mútua e não está muito incomodada com o fracasso. Veja, não importa quanto a equipe de liderança esteja satisfeita consigo mesma nem que acredite ter uma nobre missão: se a organização raramente alcança seus objetivos, então, por definição, simplesmente não se trata de uma boa equipe.

Tenha em mente que receita e lucratividade não são as únicas medidas de sucesso, mesmo em organizações com fins lucrativos (embora certamente sejam cruciais). A definição de resultados e realizações varia de uma organização para outra, dependendo do motivo pelo qual uma determinada instituição existe. Um time de futebol provavelmente será avaliado em termos de jogos ganhos e perdidos, uma escola, quanto à qualidade com que prepara seus alunos para o próximo passo acadêmico, uma igreja, pelo número de paroquianos que abraça sua fé. Isso significa que, nessas organizações, a despeito da importância das análises financeiras, o desempenho econômico não será a medida principal para a avaliação de resultados.

Em empresas tradicionais e com fins lucrativos, métricas financeiras certamente ocuparão um lugar mais proeminente na hierarquia de metas. Afinal, elas são o indicador de como uma empresa está servindo a seus clientes e cumprindo sua missão. No entanto, mesmo nessas organizações, outras medidas muitas vezes também são relevantes, e, em certos casos, mais importantes que o lucro. Muitas companhias, em geral pequenas e de capital fechado, tomam decisões para realizar algo pelos clientes que não as beneficia financeiramente. A razão para tal atitude é acreditar que seja o correto a fazer, ou porque acham que isso poderá ajudá-las a se tornar mais influentes no mercado. Independentemente da motivação, se tais organizações tomarem essa decisão conscientemente, sabendo quais objetivos pretendem alcançar, então ainda estarão focadas nos resultados.

Objetivos coletivos

Quando se trata de como uma equipe coesa mede seu desempenho, um critério as diferencia das equipes não bem integradas: seus objetivos são compartilhados por todos os membros. E esta não é uma maneira teórica de dizer que as pessoas devem ajudar umas às outras. É algo muito mais específico e complexo.

Em grande parte das organizações, os resultados são compartimentados por departamentos. Os executivos veem a si mesmos como tendo pouca ou nenhuma responsabilidade por metas que estão fora de suas áreas funcionais de especialização, o que é a antítese do trabalho em conjunto, embora de alguma forma não impeça que muitos líderes denominem o procedimento como trabalho em equipe e preguem a importância de trabalhar conjuntamente.

A única maneira de assegurar que uma equipe seja realmente uma equipe e maximizar sua produção é garantir que todos estejam focados nas mesmas prioridades – remando na mesma direção. Quando o departamento de marketing se define apenas pela qualidade de seu marketing e os outros setores fazem o mesmo em suas áreas funcionais, não há razão para presumir que ocorrerá uma sinergia dentro da equipe. Por mais simples que isso seja, a maioria das equipes de liderança parece não entender esse fato.

Uma equipe, uma pontuação

Depois de uma derrota numa partida de futebol, um menino de 13 anos que joga com meu filho disse: "Bem, eu não me sinto como se tivesse perdido."

Então perguntei a ele: "Sério? Como assim?"

Ele orgulhosamente anunciou: "Ora, sou atacante e o ataque fez sua parte, marcando três gols. Foi a defesa que perdeu o jogo, porque deixou o outro time marcar muitos gols. Eles é que são os perdedores."

Gentilmente mostrei a ele quão absurdo era seu raciocínio, não só porque há apenas uma marcação para toda a equipe, mas também porque cada jogador em campo é um defensor, ainda que em diferentes posições. Mesmo um atacante desempenha um papel fundamental ao impedir que o outro time marque gols, dificultando a defesa do oponente em organizar um ataque.

O garoto sorriu e reconheceu o ridículo de sua observação original.

Gostaria de poder dizer que é igualmente fácil convencer os membros de uma equipe executiva. Muitos deles não veem conexão entre as decisões que tomam e o impacto que provocam em outras partes da empresa. Parecem não entender que o modo como usam seu tempo, sua energia e seus recursos influencia o desempenho geral da organização. Comumente adotam a atitude do pescador que olha para quem está sentado na outra ponta do barco e anuncia: "Ei, seu lado do barco está afundando."

Boas equipes garantem que todos os membros, apesar de suas responsabilidades individuais e áreas de especialização, se esforcem para ajudar o grupo a alcançar seus objetivos. Isso significa que, quando necessário, fazem perguntas desconfortáveis sobre o que está acontecendo em outros departamentos e se oferecem, de todas as formas possíveis, para ajudar os setores que enfrentam dificuldades e que, por conta disso, poderiam comprometer o sucesso de toda a organização.

Time principal

A única maneira de um líder estabelecer essa mentalidade coletiva é assegurar que todos os subordinados atribuam uma maior prioridade à equipe da qual são membros do que à equipe que lideram em seus respectivos departamentos. Um bom modo de fazer isso é simplesmente perguntar qual é a real prioridade de cada um. Descobri que muitos executivos bem-intencionados admitem que, apesar do compromisso com a equipe que integram, têm como principal prioridade o time que lideram. Eles explicam que são os responsáveis pela contratação de seus subordinados diretos, estão em contato permanente, passam a maior parte do tempo em trabalho conjunto e têm apreço por ser o líder desse time. Além disso, têm um senso de lealdade para com seus comandados e entendem que essas pessoas querem e precisam de sua proteção.

Isso é absolutamente natural, comum e compreensível. Mas também é bastante perigoso.

Equipes que lideram organizações saudáveis aceitam o difícil porém crucial requisito: seus membros devem colocar as necessidades da equipe executiva à frente das necessidades de seus departamentos.

Quando os membros de uma equipe de liderança demonstram um senso mais forte de comprometimento e lealdade à equipe que lideram, a equipe da qual são membros se torna como o Congresso ou as Nações Unidas: apenas um lugar onde as pessoas se reúnem para fazer lobby por seus eleitores. Equipes que lideram organizações saudáveis rejeitam tal modelo e aceitam o difícil porém crucial requisito: seus membros devem colocar as necessidades da equipe executiva à frente das necessidades de seus departamentos.

Apenas dessa maneira decisões adequadas serão tomadas visando atender a organização como um todo, maximizando seu desempenho.

A mudança de prioridades de uma equipe, de individual para coletiva, demonstrando o real comprometimento do time principal, acarreta vantagens inegáveis.

Time número um

A CIO de uma grande corporação tinha problemas com membros da equipe executiva, que pareciam estar trabalhando quase exclusivamente focados em suas próprias prioridades, sem interesse em saber o que estava acontecendo com seus pares em outros departamentos. Sendo assim, a cooperação e sinergia eram mínimas, e o desempenho geral e a reputação da organização de TI vinham se deteriorando.

Confrontando o problema com sua equipe, a CIO anunciou que tomaria medidas específicas para converter aquela equipe executiva em "time número um". As inovações incluíam deslocar o local de trabalho de cada um de seus subordinados diretos para fora de seus respectivos departamentos, transferindo-os para um mesmo andar no prédio da ampla sede da empresa. A CIO também reuniria a equipe todas as manhãs para um encontro informal de cinco minutos, com o intuito de construir o tipo de relacionamento profissional e pessoal necessários para transformar a organização e, desse modo, servir melhor a empresa.

No início, seus subordinados diretos resistiram. Não queriam deixar o conforto físico e emocional de seus departamentos e estavam preocupados com a possibilidade de que, como resultado, seus subordinados se sentissem abandonados. No entanto, como ela era a chefe, concordaram.

Em apenas alguns meses, o comportamento dos executivos, a sinergia dentro da equipe e o desempenho geral da empresa melhoraram drasticamente. "De alguma forma, nos tornamos uma nova equipe, com um foco coletivo, em vez de um monte de subdepartamentos trabalhando independentemente. Hoje, não podemos imaginar voltar ao esquema antigo", observou um dos executivos. "E até mesmo as pessoas do meu departamento se beneficiaram, ao perceber a maneira harmônica e alinhada como os líderes estavam trabalhando."

O surpreendente poder de adotar o "time número um" é uma das coisas mais gratificantes e poderosas que testemunhamos no trabalho que fazemos com executivos.

Testamento à unidade

O CEO de uma instituição de saúde mental, farto de perceber que seus funcionários se empenhavam em suas próprias agendas, era assessorado por um de nossos consultores. Durante alguns meses, ambos trabalharam a fim de mudar o foco da equipe para o bem coletivo da organização.

A reação do CEO ao resultado diz tudo: "O conceito de 'time número um' criou uma linguagem comum e um senso de identidade para toda nossa equipe. Ele forneceu o suporte para que metas individuais, problemas e interesses pessoais pudessem ser postos de lado e permitiu que a equipe se concentrasse no que é melhor para a organização. Realmente acredito que esse foi o fator principal para impedir nosso declínio, ao nos ajudar a lidar com questões desafiadoras em um complexo ambiente de negócios."

LISTA DE VERIFICAÇÃO PARA A DISCIPLINA 1:
IMPLANTAR UMA EQUIPE EXECUTIVA COESA

Os membros de uma equipe executiva podem ter certeza de que dominaram essa disciplina quando são capazes de confirmar as seguintes afirmações:

- A equipe de liderança é pequena o suficiente (de três a dez pessoas) para ser eficaz.
- Os integrantes da equipe têm confiança mútua para mostrar sua vulnerabilidade de maneira autêntica na presença uns dos outros.
- Os integrantes da equipe se envolvem regularmente em conflitos produtivos, abordando questões importantes.
- As reuniões resultam em acordos claros, definidos e específicos acerca das decisões tomadas.
- Os integrantes da equipe se responsabilizam por seus compromissos e comportamentos.
- Os membros da equipe de liderança reconhecem a prioridade de manter o foco no "time número um", colocando as prioridades coletivas e as necessidades da organização à frente dos interesses de seus próprios departamentos.

QUANTO VALE PARA VOCÊ?

Mais uma vez, imaginemos duas organizações diferentes.

A PRIMEIRA é liderada por uma equipe cujos integrantes compartilham um entusiasmo comum pelo que fazem, com um claro comprometimento em respeitar seu código de valores. Eles têm um plano preciso para o sucesso e sabem exatamente como se diferem da concorrência. Podem, a qualquer momento, articular suas prioridades coletivas e sabem como cada membro da equipe contribui para alcançar tais prioridades.

A SEGUNDA é dirigida por um grupo de executivos bem--intencionados e que entendem os detalhes de seus negócios. No entanto, não gastam muito tempo pensando ou refletindo a respeito dos motivos para sua organização existir ou quais valores devem inspirar suas atitudes. Embora conversem sobre ser mais estratégicos, não conseguem articular um projeto simples e bem definido e não têm um método consistente para avaliar decisões. A equipe de liderança está constantemente lidando com uma longa lista de metas heterogêneas, algumas incompatíveis entre si e boa parte relacionada a apenas alguns integrantes da equipe. Além disso, a maioria dos membros tem conhecimento e interesse limitado quanto às responsabilidades específicas de seus pares.

Pergunta: que tipo de vantagem a primeira organização teria em relação à segunda, e quanto tempo e energia valeria a pena investir para tornar essa vantagem uma realidade?

CRIAR CLAREZA

O segundo requisito para construir uma organização saudável – criar clareza – consiste em conseguir o alinhamento da instituição. A palavra é incessantemente usada por líderes, consultores e teóricos organizacionais e, ainda assim, por toda a atenção que recebe e por mais frustrante que seja, o real alinhamento continua uma raridade. A maioria dos executivos que dirige organizações – e decerto os funcionários que trabalham para eles – podem atestar isso prontamente.

Grande parte do fracasso em obter o alinhamento está no emprego da palavra. Como tantos termos populares, quem a profere dificilmente é específico quanto ao que pretende dizer. Dentro do contexto de tornar uma organização saudável, alinhamento significa criar tanta clareza que praticamente não haverá espaço para confusão, desordem e disputas internas. É evidente que a responsabilidade de instituir essa clareza recai diretamente sobre a equipe executiva.

Infelizmente, a maioria dos líderes que reclamam de falta de alinhamento por equívoco atribui essa ausência a um problema de postura ou de comportamento. Para eles, seus subordinados não querem trabalhar em conjunto. O que esses executivos não percebem é que jamais poderá haver um alinhamento aprofundado na organização, mesmo que os funcionários desejem cooperar, enquanto os líderes no topo não concordarem em relação a algumas questões bastante específicas.

Com frequência líderes subestimam o impacto de erros – até mesmo os mais sutis – de alinhamento no topo, assim como os danos causados por pequenas divergências entre os membros da equipe executiva.

É claro que poucos executivos contestarão tal afirmação. Ninguém argumentará contra a ideia de que diferenças notórias e fundamentais entre os membros da equipe de liderança criam obstáculos ao alinhamento e ao sucesso. Mas com frequência (e isso é crítico) líderes subestimam o impacto de erros – até mesmo os mais sutis – de alinhamento no topo, assim como os danos causados ao restante da organização por pequenas divergências entre os membros da equipe executiva.

Acreditando que estão sendo ponderados, os líderes muitas vezes concordam em discordar uns dos outros com relação a questões aparentemente menores, evitando, assim, disputas e conflitos que consideram desnecessários. Afinal, de seu ponto de vista, as lacunas em suas opiniões e decisões parecem pequenas e inócuas. O que eles não entendem é que, ao falhar em eliminar até mesmo essas pequenas lacunas, estão relegando para seus comandados batalhas sangrentas com seus pares em outros departamentos, conflitos impossíveis de vencer. Isso leva à antítese do empoderamento (ah, eu odeio usar essa palavra).

Não importa quantas vezes os executivos exaltem a palavra "empoderamento" em seus discursos. Para seus funcionários, eles jamais terão o poder de execução plena de suas responsabilidades caso não recebam mensagens claras e consistentes de seus líderes. Provavelmente, não há frustração maior para os funcionários do que ter que navegar constantemente entre a política e a confusão causada por líderes desalinhados. Isso ocorre porque a clareza limitada entre os membros de uma equipe de liderança se torna ofuscante e sobrecarrega os funcionários um ou dois níveis abaixo. Este conceito pode ser chamado de "efeito vórtice". Seja qual for o nome, é algo real e um grande problema que impossibilita um alinhamento organizacional profundo.

Bem, supondo que haja concordância em torno dos benefícios de clareza e alinhamento, a próxima pergunta lógica seria: como conquistá-los? Antes de responder a essa pergunta, acho bom examinarmos um exemplo de como não fazer isso.

FRIVOLIDADES

Desde a década de 1980, muitas organizações centralizam seus esforços de clareza e alinhamento em torno de uma ferramenta que tem se mostrado um grande fracasso. Estou me referindo à declaração de missão empresarial.

Embora não possa ter certeza, suspeito de que, em algum momento, há cerca de trinta anos, um consultor nitidamente sádico e contrário a negócios decidiu que a melhor maneira de prejudicar empresas seria convencer seus dirigentes de que precisavam de uma declaração de intenções por escrito, em jargão genérico, confuso e conflitante. Quanto mais essas declarações incluíssem frases como "padrão internacional", "valor para o acionista" e "valor agregado", melhor. E se as empresas enquadrassem essas declarações e as pendurassem em seus escritórios, bem, isso seria um verdadeiro golpe de mestre.

Mesmo que minhas suspeitas históricas sejam falsas, não se pode negar que a maioria das declarações de missão empresarial não resultou em maior inspiração para um mundo melhor, nem forneceu uma descrição precisa daquilo que uma organização realmente faz para existir. Certamente também não criaram alinhamento e clareza entre funcionários. O resultado foi muitas equipes de liderança parecendo pouco capazes.

Caso você não esteja convencido disso, dê uma olhada na seguinte declaração de missão que copiei da camiseta de uma empresa bastante conhecida. Suprimi o nome da organização e apenas uma palavra que poderia revelar sua atividade. Veja se consegue adivinhar qual é a empresa.

> A _____ propicia a seus clientes produtos _____ de qualidade e especialistas para assessoria de tomada de decisões esclarecidas. Fornecemos produtos e serviços com respeito ao mais alto grau de integridade e qualidade para a satisfação do cliente, desenvolvendo relacionamentos profissionais de longo prazo com funcionários que se orgulham de seu trabalho, em um ambiente profissional estável e de consolidado espírito empresarial.

Por pior que seja, é difícil negar que essa declaração pareça bastante comum e similar a tantas outras que encontramos no mundo dos negócios. E, no entanto, o que a torna particularmente digna de nota é que se trata de uma gozação. Essa é a declaração de missão empresarial da Dunder Mifflin, a empresa de papel fictícia da série de TV *The Office*. Exatamente. É uma paródia. No entanto, é semelhante a muitas das declarações de missão emolduradas que encontramos nas empresas do mundo real.

Alinhamento e clareza não podem ser alcançados por meio de uma série de palavras-chave genéricas e frases motivacionais. Clareza requer uma abordagem muito mais rigorosa e despretensiosa.

O ponto importante é que alinhamento e clareza não podem ser alcançados por meio de uma série de palavras-chave genéricas e frases motivacionais. Líderes simplesmente não podem inspirar, informar, motivar, expor e posicionar suas empresas em um contexto de banalidades. Clareza requer uma abordagem muito mais rigorosa e despretensiosa.

SEIS PERGUNTAS CRUCIAIS

O que os líderes devem fazer para oferecer a seus funcionários a clareza que eles necessitam é entrar em comum acordo a respeito de seis simples porém cruciais questões, e assim eliminar até mesmo pequenas discrepâncias. Nenhuma dessas questões é inédita. A originalidade está na percepção de que elas não podem ser tratadas isoladamente, mas devem ser respondidas em conjunto. O fracasso no alinhamento acerca de qualquer uma das questões pode impedir que a organização atinja o nível de clareza necessário para se tornar saudável.

Eis as seis perguntas:

1. Por que existimos?
2. Como nos comportamos?
3. O que fazemos?
4. Como vamos obter sucesso?
5. O que é mais importante neste momento?
6. Quem deve fazer o quê?

Se os membros de uma equipe executiva conseguirem dar respostas claras a essas questões fundamentais, sem usar jargões e bajulação, eles aumentarão drasticamente a chance de criar uma organização saudável. Esse pode ser o mais importante dos passos para obter a vantagem da saúde organizacional.

Responder a essas perguntas, como tudo o mais neste livro, é ao mesmo tempo difícil e teoricamente simples. É simples porque não exige grande capacidade intelectual: cada equipe de liderança tem informação e experiência suficientes para produzir clareza. Contudo, pode ser difícil por diversas razões.

Primeiro, como analisamos no capítulo anterior, requer coesão no topo. Se a equipe executiva não tiver um comportamento coeso, não poderá se envolver no nível tumultuado de diálogo necessário para alcançar um verdadeiro consenso em torno dessas questões.

Em segundo lugar, e esse é um grande problema, muitas vezes é tentador para os líderes adotarem uma mentalidade de marketing repleta de bordões ao responder a essas perguntas, buscando frases cativantes ou declarações que impressionem. Esse é um sinal de que a equipe está perdendo o rumo e se desviando do propósito real: estabelecer clareza e alinhamento.

Por fim, responder a essas perguntas requer tempo. Não meses, mas alguns dias, além de mais alguns momentos nas semanas seguintes para consolidar as respostas. É essencial dedicar tempo para adquirir uma familiaridade genuína com as perguntas, garantindo que todos os membros da equipe entendam o que elas significam e realmente se alinhem às respostas.

Mais do que obter a resposta *certa*, é importante obter *uma* resposta, que traga uma orientação correta e com a qual todos os membros da equipe possam se comprometer.

Mas e se as respostas a que chegarem estiverem erradas? Bem, na verdade não há respostas certas ou erradas. Em outras palavras, quem pode garantir o que é certo e errado quando se trata de definir a direção de uma organização? Afinal, há mais de uma maneira de esfolar um gato, como escutei uma vez. Mais do que obter a resposta *certa*, é importante obter *uma* resposta, que traga uma orientação correta e com a qual todos os membros da equipe possam se comprometer.

PARALISIA DE PERFEIÇÃO

Muitas organizações resistem à ideia de que não há respostas certas. Acredito que foram influenciadas por acadêmicos, analistas e autores do setor, que falsamente atribuem o sucesso nos negócios à precisão intelectual na tomada de decisões. Histórias escritas por jornalistas quase sempre implicam o sucesso de uma empresa à descoberta de estratégicas corretas, embora os líderes de tais organizações insistam que não necessariamente chegaram à resposta certa, mas que conseguiram conceber a melhor resposta à época.

Essa tendência de buscar uma explicação oculta para o que já aconteceu traz conclusões erradas de que inteligência e precisão, no lugar de clareza, são fundamentais.

Muitos eufemismos atestam a ideia de que a ciência da implantação é mais importante que a ciência da decisão. Ouvi uma frase anos atrás, dita por militares: *um* plano é melhor do que *nenhum* plano. E foi o general Patton quem certa vez afirmou: "Um bom plano executado com violência hoje é melhor do que um plano perfeito executado na semana que vem." Essas máximas atestam algo que reparei em muitas equipes de liderança: o fracasso em obter clareza, pois os executivos estavam esperando a perfeição. Enquanto isso, a confusão reina, os líderes perdem a credibilidade e a organização sofre.

Espere um pouco...

O diretor de marketing de uma grande empresa para a qual trabalhei se queixava incessantemente da falta de determinação do CEO. "Quando esse cara irá anunciar uma direção estratégica para a empresa?" Essa era sua pergunta retórica. Ele era implacável e, embora não aprovássemos sua atitude desdenhosa em relação ao chefe, muitos de nós concordávamos com ele.

Bem, o conselho executivo finalmente retirou o CEO e colocou o diretor de marketing no comando da empresa. Embora gostássemos do CEO anterior, ficamos entusiasmados com a perspectiva de que a organização teria finalmente um líder que assumiria sua posição no mercado e traçaria um rumo claro para o futuro.

Nas primeiras semanas em seu novo cargo como CEO, perguntamos se ele estava pronto para divulgar as novas diretrizes da empresa.

"Ainda não", ele nos assegurou. "Estou esperando que algumas coisas progridam."

Isso parecia razoável para um novo líder, portanto decidimos dar-lhe mais tempo. Mas durante os meses seguintes, ele continuou se esquivando. "O mercado está mudando", dizia quando o incentivávamos a definir o rumo da empresa. Enquanto isso, os funcionários resmungavam, os concorrentes nos superavam e a paralisia se instalou, tudo porque o líder queria chegar a um plano perfeito.

Nove meses depois – juro – ainda continuávamos esperando uma declaração clara de direcionamento. A única coisa com que o CEO estava disposto a se comprometer em termos de novidade era um slogan de três palavras que seria usado pelo marketing (sim, as três palavras rimavam).

Com isso não quero dizer que os líderes devam responder às perguntas sem considerar se as repostas indicam ou não uma orientação correta. Seria ridículo. Todavia, esperar pela confirmação clara de que uma decisão, sem qualquer sombra de dúvida, esteja correta é uma receita para a mediocridade e quase uma garantia de fracasso. Isso porque as organizações aprendem tomando decisões, até mesmo as erradas. Ao serem categóricos, os líderes obtêm dados claros e imediatos de suas ações. Como resultado, tornam-se capazes de mudar o rumo quando necessário e superar seus competidores indecisos, os quais, ao mesmo tempo que se congratulam por não cometer erros, estão tomados por uma paralisia teórica e evitam se posicionar sobre qualquer plano claro.

Agora que reconhecemos o perigo de buscar a perfeição à custa da agilidade na decisão, vamos analisar cada uma das seis questões críticas que os líderes devem responder para criar clareza e construir uma organização saudável.

POR QUE EXISTIMOS?

Para responder a essa questão, é necessário que a equipe executiva identifique a razão subjacente de existência da empresa, também conhecida como seu objetivo fundamental. Jim Collins e Jerry Porras introduziram essa ideia em seu notável livro, *Feitas para durar*.[1] Eles sustentam que as organizações duradouras e bem-sucedidas compreendem a razão fundamental pela qual foram fundadas e por que existem, permanecendo fiéis a esses princípios. Isso as ajuda a manter o rumo.

Collins e Porras estavam certos. Infelizmente, muitas das equipes que encontrei em meu trabalho de consultoria não compreendem adequadamente o que os autores recomendam. Em vez disso, acabam elaborando declarações de missão medíocres e sem inspiração, que não são marcantes nem descritivas o suficiente para terem qualquer utilidade (veja o exemplo da Dunder Mifflin na seção "Frivolidades", na página 93).

Os funcionários de qualquer organização, em qualquer nível, precisam estar cientes de que, no cerne do que fazem, existe algo grandioso e ambicioso.

O objetivo fundamental de uma organização – o porquê de sua existência – precisa ser completamente idealista. É impossível reiterar esse ponto o bastante. Muitas equipes de liderança relutam em aceitar esse conceito, com receio de que o texto pareça solene ou pretensioso demais. Claro, esse é o ponto principal. Os funcionários de qualquer organização, em qualquer nível, precisam estar cientes de que, no cerne do que fazem, existe algo grandioso e ambicioso. Eles devem saber que, em última análise, isso resultará em atividades concretas e estratégicas.

Para identificar com êxito o objetivo fundamental de sua empresa, os líderes precisam aceitar a noção de que todas as organizações existem para melhorar a vida das pessoas. Novamente, isso soa idealista, mas todos os empreendimentos – cada um deles – devem pautar sua existência exatamente por tal objetivo. Aspirar a qualquer coisa menor seria insensato. Afinal, ninguém duvida de que toda empresa deve ter algum tipo de proposta de valor – uma razão convincente que faça seus clientes ou funcionários desejarem interagir com a companhia. E no coração dessa interação está a expectativa de uma vida melhor.

De qualquer modo, isso não significa que todas as organizações melhoram a vida das pessoas de maneira significativa e transformadora. A maioria opera de forma até certo ponto limitada e sutil. Isso também não significa que melhorem a vida de *todas* as pessoas: em geral, afetam apenas um subconjunto relativamente pequeno da população. No entanto, toda organização deve, de alguma forma, contribuir a fim de tornar o mundo melhor para um grupo de pessoas, pois, caso isso não aconteça, ela será, com razão, eliminada do mercado.

Supondo que determinada organização tenha, de fato, o potencial de identificar sua razão subjacente para existir – e eu ainda não encontrei uma que não tenha –, o desafio é identificar e articular essa razão. Se os líderes não forem capazes disso, não podem esperar que os funcionários saiam da cama todas as manhãs com qualquer senso de propósito além de completar tarefas burocráticas e manter seus empregos.

Há uma boa chance de que sua empresa – na verdade, qualquer empresa – ainda não tenha identificado sua finalidade. Descobri que a maioria ainda não o fez, pelo menos não adequadamente. E percebi que, mesmo organizações que acreditam haver identificado, por vezes não o fizeram com o necessário grau de rigor e especificidade, o que leva a dois problemas.

O primeiro é que essas equipes não conseguem obter um comprometimento verdadeiro e coletivo de seus membros. Muitas vezes executivos ocupados, que não querem se envolver com o que consideram conversas metafísicas e etéreas, apenas concordam com o quer que seja que a equipe inventou como declaração de propósito. Esta é uma receita para bordões superficiais e declarações vazias.

O segundo problema está certamente relacionado ao primeiro. Esses executivos não inter-relacionam a razão de existência da companhia com o motivo prático para o modo como tomam decisões e administram a organização. Portanto, ao não trabalharem com uma visão realista e ao mesmo tempo real, operam de maneira altamente reativa, míope e de forma excessivamente tática e oportunista. Com isso, muitas vezes perdem o rumo por se envolverem em uma variedade de atividades aleatórias e projetos até financeiramente justificáveis em curto prazo, mas que não encontram fundamento num quadro mais abrangente. Isso tende a diluir o foco e a paixão que os funcionários buscam em seu trabalho.

Alguns executivos, especialmente aqueles que são um pouco cínicos sobre toda essa história de propósitos, dirão que sua empresa existe *com o objetivo de ganhar dinheiro para seus proprietários ou acionistas*. Isso quase nunca é um propósito, mas sim um importante indicador de sucesso. Pode ser um indicador de como uma organização efetivamente cumpre seu objetivo, mas está muito aquém de fornecer à instituição um direcionamento sobre o que é realmente importante.

Nas raras empresas em que os proprietários realmente acreditam que o propósito subjacente da organização esteja em proporcionar ganhos financeiros, os executivos devem ser sinceros em relação a esse propósito. Caso contrário, vão gerar confusão, cinismo e um sentimento de deslealdade entre os funcionários, que quase sempre preferem uma razão mais idealista para trabalhar.

Encontrando a sua razão de existir

Quando líderes começam a identificar o propósito de sua organização, alguns fatores críticos devem ser levados em conta para que haja uma boa chance de sucesso.

Primeiro, precisam estar conscientes de que a resposta a essa questão não é o fim do processo de esclarecimento. Eles ainda terão a oportunidade de esclarecer pontos a respeito da organização de uma maneira menos idealista e mais prática. Essa consciência lhes proporciona a possibilidade de obter a confiança necessária para uma avaliação puramente idealista em sua busca naquele momento, permitindo abordar de forma aberta a questão e evitar a tentação de incluir conceitos práticos, de natureza mais estratégica.

Em segundo lugar, a razão de existência de uma organização, seu propósito, tem que ser verdadeira. Deve basear-se em motivações reais das pessoas que a instituíram ou estão administrando a empresa, e não em algo que simplesmente soa bem no papel. Identificar o verdadeiro propósito de uma organização torna-se difícil quando essa instituição existe há muito tempo, às vezes por décadas, e a razão subjacente de sua existência nunca foi realmente esclarecida. Nesses casos, os líderes precisam voltar no tempo e tentar entender por que seus fundadores iniciaram a empresa ou, no mínimo, conectar suas motivações atuais à história da organização. Se isso não for viável, os líderes precisarão passar por esse processo como se estivessem recriando a empresa, e devem estar preparados para preservar o resultado enquanto a organização existir.

Em terceiro lugar, o processo de determinar o propósito de uma companhia não pode ser confundido com marketing – seja interno ou externo. Deve exclusivamente objetivar clareza e alinhamento. Certamente será importante comunicar a resposta a toda a organização, e talvez até integrá-la à comunicação externa quando apropriado. Mas um perigo real e comum ocorre quando os líderes confundem sua motivação para identificar o propósito, tentando produzir algo que soe impressionante em um outdoor, em um relatório anual ou estampado na camiseta de um funcionário.

Quando os líderes confundem marketing com estabelecer clareza, cometem o equívoco subsequente de apresentar os objetivos da empresa por um comunicado solene, o que apenas resulta em cinismo. Tento lembrá-los de que, mesmo que eles nunca tenham escrito ou divulgado formalmente o objetivo fundamental (algo que eu jamais recomendaria), e, portanto, tais objetivos vivessem apenas no coração e na mente dos membros da equipe de liderança, isso poderia fazer sentido, orientando ações e decisões tomadas e mantendo a empresa bem fundamentada. Em algum momento, essa abstração se tornaria evidente para funcionários e clientes, mesmo que não pudesse ser encontrada em outdoors e camisetas.

Então, como uma organização descobre a razão de sua existência? Para começo de conversa, pode-se perguntar: "Como contribuiremos para um mundo melhor?" Outra vez, os céticos que acham que a pergunta soaria sentimental e abstrata precisam lembrar que este não é o fim do processo e que é fundamental criar uma estrutura inicial para decisões táticas posteriores.

Geralmente, a resposta inicial que os líderes sugerem não é a ideal, por exemplo: *ajudamos empresas a usar tecnologia para incrementar seus negócios. Pavimentamos calçadas para que as pessoas possam entrar e sair de suas casas e ir aonde precisam. Ensinamos às crianças a melhor maneira de fazer o dever de casa.* Essas são respostas iniciais, mas não são satisfatórias. Como dizem Porras e Collins, a próxima pergunta que precisa ser feita e repetida até que leve ao mais alto propósito ou razão de existência é: por quê? *Por que fazemos isso? Por que ajudamos as empresas a usar tecnologia para incrementar seus negócios? Por que pavimentamos calçadas? Por que ensinamos as crianças a fazer o dever de casa?*

Respondendo à pergunta inicial repetidamente, uma equipe executiva chegará a um ponto em que será capaz de identificar a razão mais idealista possível para existir. Esse ponto será algo próximo de *"para tornar o mundo um lugar melhor".* É assim que saberão que encontraram a resposta.

Categorias de "Por que existimos?"

Há alguma complexidade em entender que há várias categorias com diferentes propósitos, todos válidos. Identificar a categoria na qual sua organização se enquadra pode ajudar a concentrar a discussão sobre a razão para a empresa existir, pois esclarece a quem a companhia atende.

Cliente: Esse objetivo está diretamente relacionado ao atendimento das necessidades do cliente ou do principal usuário de uma organização. Por exemplo, um hotel pode existir simplesmente porque seu fundador sempre acreditou em servir aos clientes. Em outras palavras, sua missão é agradar quem entra por suas portas. Como essa informação auxilia a equipe executiva? Bem, se os clientes tiverem uma necessidade, o hotel deverá tentar atendê-la, porque isso coaduna com seu propósito. Além disso, o hotel não deverá contratar pessoas que não disponham de uma inclinação para atender bem os clientes.

A loja de departamentos Nordstrom é um bom exemplo. Sua motivação subjacente é servir aos clientes. Ponto final. Ou seja, não é realmente concentrar-se na moda, embora certamente precisem ser bons nesse item, mas sim oferecer às pessoas o que elas estão procurando, seja lá o que for.

Atividade: A razão para esse negócio é estar envolvido totalmente em determinado setor. Voltando ao exemplo do hotel, talvez ele exista apenas porque seus donos adoram a atividade hoteleira. Portanto, a empresa não tentará investir em outros negócios que não sejam relacionados à área, nem contratará gente que não goste do ramo.

Muitas pequenas empresas se enquadram nessa categoria: os fundadores amam a natureza de sua indústria. É por isso que começaram seu negócio, para fazer o que gostam.

Um exemplo que vem à mente é uma empresa de treinamento de cavalos com a qual um de nossos consultores trabalhou no Texas. O fundador e CEO cresceu em um rancho na Austrália e é fascinado por tudo a respeito de cavalos. Assim, seu objetivo declarado é "inspirar os sonhos dos cavaleiros". Tudo o que sua empresa faz nasce do amor pelos cavalos e pelas pessoas que compartilham esse amor.

Causa maior: Esse tipo de propósito não é necessariamente relacionado ao que a organização faz, mas sobre algo que esteja conectado a ela. Por exemplo, um hotel pode existir porque seu dono é fanático por férias. Ou talvez para permitir que as pessoas vivenciem experiências de luxo. Ou por conta da importância de ocasiões especiais. Não se trata do hotel em si, nem de apenas fazer o cliente feliz. O hotel existe porque acredita que pode ter um papel importante para transformar algo em realidade. O ideal é que os funcionários também reconheçam, ou mesmo compartilhem, a paixão por férias, luxo, comemoração de ocasiões especiais ou qualquer outro motivo que tenha levado os donos ou líderes da organização a constituí-la.

A razão pela qual a Southwest Airlines existe é democratizar as viagens aéreas nos Estados Unidos. A empresa acredita que voar não é exclusividade dos ricos e que todas as pessoas devem ter a opção de participar de uma reunião de família, sair de férias ou fazer negócios em outra cidade sem sacrificar sua segurança financeira. É por isso que a companhia aérea foi fundada. Ela atende a seus clientes? Claro! Eles gostam de aviação? Sim. Mas essas não são as razões fundamentais pelas quais a Southwest está no mercado. Seus líderes têm uma causa maior associada a esse serviço, e essa causa motiva cada decisão que tomam. Por exemplo, eles estão comprometidos com preços baixos. Violar esse compromisso seria romper com seu objetivo principal. Afinal, não é possível democratizar as viagens aéreas se, para um grande número de clientes, as tarifas estiverem altas demais.

Comunidade: Esse propósito quer tornar melhor uma localidade geográfica. Por exemplo, nosso hotel fictício poderá existir para suprir uma cidade ou região com um bom destino para visitantes, eventos ou negócios. Será relacionado ao orgulho de uma comunidade. O hotel fará todo o possível para contribuir com essa comunidade, e os funcionários, que naturalmente compartilham dedicação e comprometimento com a área, irão trabalhar para seu desenvolvimento.

O diretor de um clube de futebol juvenil perto de meu escritório contou que seu propósito subjacente não é realmente o futebol em si (é claro, ele também gosta de futebol), mas servir a vizinhança. Ele cresceu naquela comunidade e retornou para administrar o clube, embora existam outros clubes com mais dinheiro e melhores instalações nas proximidades. Seu comprometimento com a comunidade fica patente quando ele insiste em preferencialmente atrair talento local e formar parcerias com grupos cívicos. Naturalmente, como outros times, ele quer ganhar competições. Mas isso é semelhante a uma empresa que quer ganhar dinheiro: é uma indicação de sucesso, não a razão subjacente para sua existência.

Funcionários: Esse propósito não pretende servir ao cliente, mercado ou região, mas a seus funcionários. Nesse caso, nosso hotel fictício poderá ter como objetivo oferecer excelência em um local de trabalho para pessoas de baixo poder aquisitivo. Não tomará decisões nem contratará indivíduos que coloquem em risco o bem-estar dos funcionários.

Uma empresa de pavimentação com a qual trabalhei encontrou problemas para identificar seu propósito fundamental. Depois de elaborar algumas ideias pouco cativantes sobre como manter as calçadas seguras e possibilitar o estacionamento de veículos, o CEO e fundador finalmente teve uma inspiração. Ele anunciou para sua – um tanto – surpresa equipe executiva que a razão original para iniciar o negócio não tinha a ver com pavimentação, mas com ajudar americanos pobres daquela região a encontrar bons empregos para, assim, conseguirem comprar suas primeiras casas e pagar a faculdade dos filhos. Ele esclareceu que, caso o mercado de pavimentação entrasse em colapso, poderia desviar suas atividades para o trabalho em telhados, pintura ou qualquer alternativa que permitisse aos funcionários continuarem trabalhando e suas famílias, prosperando.

Riqueza: Esse propósito é sobre obter riqueza para os proprietários. É possível que nosso hotel exista porque o dono acredita que é uma boa maneira de ganhar dinheiro para si e para seus sócios. Isso motivará as decisões, que serão tomadas com base em uma perspectiva financeira.

Não deparamos com muitas empresas nessa categoria (elas provavelmente não nos procuram para assessorá-las), embora vários investidores e escritórios de advocacia provavelmente se encaixem nessa definição. Em última análise, eles não farão nada que reduza o potencial de ganhos a curto prazo ou o retorno financeiro, e veem clientes, parceiros e funcionários apenas como um meio de alcançar tais resultados. Se é esse o verdadeiro motivo de existir, é importante que os líderes sejam claros, não apenas consigo mesmos, mas também com os funcionários. Caso contrário, desperdiçarão muito tempo em esforços desnecessários e conversas infrutíferas que apenas fomentam confusão e cinismo entre os colaboradores, que seriam mais bem servidos caso viessem a conhecer a realidade de modo transparente.

Não é um diferencial

Usando ainda o exemplo do hotel, podemos concluir que comumente duas empresas do mesmo setor têm motivações diferentes para existir. Isso faz sentido. No entanto, também é interessante o fato de que duas empresas em setores completamente distintos possam compartilhar o mesmo propósito. Por exemplo, tanto um hospital quanto um massagista podem existir *para aliviar a dor e o sofrimento no mundo*. Ou tanto um jardineiro como um artista podem existir para *ajudar as pessoas a apreciar a beleza*.

O ponto é que a razão de existência de uma organização não deve ser um diferencial. A finalidade de identificá-la é apenas esclarecer sua verdadeira natureza, com o intuito de direcionar o negócio. Quando os líderes tentam usar seu propósito como diferencial estratégico, em geral não conseguem aproveitar por completo a verdadeira razão em tê-lo, e consequentemente ficam desapontados ao descobrir que outra empresa, talvez até mesmo dentro de sua indústria, compartilha o mesmo propósito. Eles precisam lembrar que o objetivo é simplesmente estabelecer clareza.

É importante ter em mente que o processo de identificar o motivo de existência de uma organização é geralmente confuso. Esse processo é mais uma arte do que uma ciência, exige algum tempo, além de debates abertos e não estruturados. O objetivo não é chegar a uma resposta no menor tempo possível, mas expor a verdadeira razão de existência da organização. É claro que os líderes precisam lembrar que esse é apenas o primeiro dos seis elementos de clareza corporativa.

COMO NOS COMPORTAMOS?

A palavra "intolerância" não é frequentemente usada com uma conotação positiva em nossa sociedade. Apesar disso, quando se trata de estabelecer clareza e alinhamento, intolerância é essencial. Afinal, se uma organização for tolerante com tudo, não será capaz de tomar uma posição firme em seus pontos de vista.

> **Se uma organização for tolerante com tudo, não será capaz de tomar uma posição firme em seus pontos de vista.**

A resposta à pergunta *"Como nos comportamos?"* está incorporada nos valores centrais de uma organização e deve fornecer o padrão de excelência para o comportamento de seus funcionários em todos os níveis. Este também é um tópico que Collins e Porras abordam em *Feitas para durar*. Em suas pesquisas, descobriram que empresas duradouras e bem-sucedidas aderem estritamente a um conjunto fundamental de princípios que orienta comportamentos e tomada de decisões ao longo do tempo, preservando, assim, a essência da organização.

A importância dos princípios para estabelecer clareza e permitir que uma empresa se torne saudável não pode ser deixada de lado. Esses princípios são críticos porque definem a personalidade da empresa. Fornecem aos funcionários diretrizes claras de comportamento, o que reduz a necessidade de microgerenciamento, sempre ineficiente e desmoralizante.

Apenas isso já atesta a eficácia dos princípios. Uma organização que os pontua com clareza e a eles adere de maneira natural atrairá funcionários que se identificam com a empresa e repelirá os inadequados. Isso torna o recrutamento bem mais fácil e eficaz, reduzindo drasticamente a rotatividade dos colaboradores.

O impacto dos princípios vai além dos funcionários, visto que pode também atrair clientes que desejam fazer negócios com uma organização que reflete o que valorizam, e não apenas em um sentido abstrato, repelindo os que não pensam assim. Pessoas que dão valor à criatividade, por exemplo, muitas vezes escolhem uma organização que constrói sua cultura em torno da criatividade. Com frequência, essa é uma diretriz de marketing mais eficaz do que campanhas publicitárias caras e passíveis de ser ignoradas. As empresas que levam a sério seus valores descobrem que os clientes certos irão procurá-las naturalmente.

Corre-corre atrás de princípios

Collins e Porras foram tão convincentes em seu livro que desencadearam uma verdadeira corrida de executivos, todos determinados a elaborar princípios para suas empresas. Infelizmente, muitos desses executivos não compreenderam o ponto de vista dos autores e produziram uma longa lista de palavras genéricas e pouco inspiradoras que posteriormente seriam impressas em cartazes, camisetas e expostas em sites. Isso resultou em funcionários confusos, frustrados e cínicos (por vezes clientes também se sentiram assim).

O erro cometido por esses líderes foi tentar ser tudo para todos, o que tornou suas declarações de princípios muito amplas e abrangentes. Em diversos casos, isso ocorreu porque os líderes encomendaram pesquisas pedindo que os funcionários indicassem a quais valores aspiravam e, em seguida, tentaram encaixar todas as informações recebidas. Deixe-me ser claro: esse caminho é um processo terrível para identificar seus valores fundamentais, por razões que se tornarão óbvias mais adiante neste capítulo.

Quando uma organização anuncia que tem nove valores fundamentais, incluindo atendimento ao cliente, inovação, excelência, honestidade, integridade, responsabilidade ambiental, equilíbrio entre trabalho e vida pessoal, responsabilidade financeira e respeito pelo indivíduo, torna-se impossível usar todos esses critérios para tomar decisões, contratar funcionários ou aprovar diretrizes. Afinal, nenhuma ação, pessoa ou diretriz pode atender a todos esses quesitos.

Cria-se, então, um conjunto singular de problemas. Quando esses líderes percebem que adotaram um número excessivo de valores e que não há possibilidade de realmente colocar todos em prática, eles acabam por ignorá-los completamente. No fundo, veem a declaração de princípios como uma peça de marketing interno, até mesmo de propaganda.

Assim, eles se resignam a gerir as empresas de maneira pragmática, deixando funcionários e clientes inseguros sobre o que a organização realmente representa. Quando os funcionários reclamam que os valores da empresa estão sendo descumpridos, os líderes simplesmente dão de ombros e se concentram em algo mais tangível.

Diferentes tipos de valores

Algo importante para identificar o conjunto correto de valores comportamentais é entender que existem diferentes tipos deles (tópico sobre o qual escrevi na *Harvard Business Review*).[2] Entre todos, os valores fundamentais são de longe os mais importantes, e não devem ser confundidos com os outros. Vamos definir os tipos diferentes, para que fiquem claros:

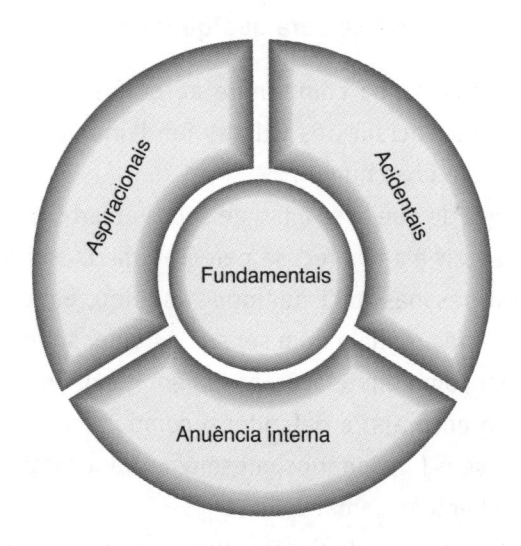

Valores fundamentais

Esses são os poucos – apenas dois ou três – traços comportamentais inerentes a uma organização. Os valores fundamentais estão no centro da identidade da instituição; eles não mudam com o tempo e devem existir previamente. Em outras palavras, não podem ser planejados.

Uma organização sabe que identificou corretamente seus valores fundamentais quando se permite ser punida por não segui-los e ao aceitar o fato de que os funcionários, por vezes, os observam com certo exagero. Valores fundamentais não são questão de conveniência. Não podem ser removidos de uma organização, do mesmo modo como a consciência de um ser humano não pode ser extraída de sua pessoa. Dessa forma, eles devem ser usados para orientar todos os aspectos da empresa, desde a contratação e demissão até o gerenciamento de estratégia e desempenho.

Não é para qualquer um

Assessoramos uma companhia aérea fanática por sua postura, que incluía três valores fundamentais, um dos quais se referia ao humor.

A prova de que esse é um de seus verdadeiros valores fundamentais está na recusa peremptória da empresa em contratar pessoas para qualquer trabalho, em qualquer nível, que não tenham bom senso de humor sobre si mesmas, bem como em relação à vida em geral. Seus líderes chegam a encorajar e defender o comportamento espirituoso de seus funcionários, mesmo nas raras ocasiões em que um cliente reclama.

Um ótimo exemplo aconteceu quando uma passageira habitual escreveu para o CEO da empresa reclamando que uma comissária fazia piadas durante o anúncio de bordo. Ela se sentiu afrontada porque a funcionária tentava ser engraçada ao tratar de algo tão sério e importante quanto a segurança dos passageiros.

A maioria dos executivos responderia a essa queixa agradecendo ao cliente por sua lealdade à companhia e assegurando que a segurança era, de fato, importante para a organização. Prometeria então investigar o caso para garantir que a comissária de bordo alteraria seu comportamento, evitando ofender outro passageiro que pudesse se sentir desconfortável com as piadas. Isso seria razoável o bastante, suponho, a menos que seus valores fundamentais incluam o humor.

O CEO da empresa adotou uma abordagem diferente. Em vez de pedir desculpas à cliente e instruir a comissária a moderar seu comportamento, ele enviou uma pequena mensagem à passageira com apenas três palavras: "Sentiremos sua falta." Não há dúvida de que a empresa trata o humor como um dos elementos centrais de sua atividade.

(Esteja certo de que essa empresa, como todas as boas companhias aéreas, leva a segurança muito a sério.)

Valores aspiracionais

Essas são as características que uma organização ambiciona ter, com o forte desejo de que já as tivesse, e acredita que deverá desenvolver para maximizar seu sucesso na atual conjuntura de mercado. Os valores aspiracionais são as qualidades que uma organização pretende adotar e fará o possível para intencionalmente inseri-las em seu cotidiano. No entanto, não são naturais nem inerentes. Por isso, devem ser propositadamente incorporados à cultura empresarial e jamais confundidos com os valores fundamentais, que não mudam com o tempo nem devido às necessidades circunstanciais da empresa.

Pensamento ilusório

Certa vez trabalhei com um CEO para ajudá-lo a identificar os valores fundamentais de sua empresa. Quando pedi que mencionasse algum dos valores que deveriam fazer parte da lista, sem hesitação ele respondeu: senso de urgência. Fiquei um pouco surpreso, porque numa breve troca de ideias com os funcionários da empresa não percebi nada que combinasse com essa descrição. Quando lhe perguntei se acreditava que o senso de urgência era evidente na organização, ele respondeu: "Não, nós somos complacentes demais. É por isso que urgência precisa se tornar um valor fundamental."

Aconselhamos ao cliente que fizesse do senso de urgência um valor aspiracional e tentasse intencionalmente incuti-lo na organização. Pretender que "urgência" fosse um valor fundamental naquele momento apenas incitaria o descaso entre os funcionários que conheciam a realidade.

Confundir valores fundamentais e valores aspiracionais é um erro frequente. É básico que os líderes entendam a diferença.

Aspirações

Uma pequena empresa de consultoria que conheço se baseou, desde sua fundação, nos valores humildade e entusiasmo. Todo novo contratado em potencial tinha que demonstrar esses valores, e todas as decisões tomadas pela firma eram norteadas, até certo ponto, para refletir humildade e entusiasmo.

À medida que a empresa começou a receber uma demanda crescente por seus serviços, percebeu que a abordagem informal e simplificada de atender clientes não era versátil e necessitava de modificação. Essencialmente, era preciso incutir um maior senso de profissionalismo e sistematização em suas operações.

Sabendo que isso não era inerente à sua cultura entusiasta e empreendedora, os fundadores decidiram tornar o "profissionalismo" um dos valores aspiracionais desejados pela empresa. Isso significava que intencionalmente contratariam alguém que tivesse experiência em estruturar uma prática de consultoria mais madura e organizada. É claro que essa pessoa também teria que incorporar os valores fundamentais da empresa, porque, como o presidente expressou, "contratar alguém que não fosse humilde e entusiasmado seria como vender nossa alma".

A empresa contratou um novo vice-presidente que atendia aos critérios de valores fundamentais e trouxe um novo nível de profissionalismo para a organização. No entanto, tiveram o cuidado de relembrar que a contratação não aconteceu naturalmente e que precisariam trabalhar de forma contínua nesse ponto, para que a empresa pudesse se desenvolver de maneira adequada.

Valores de anuência interna

Esses valores são os padrões comportamentais mínimos necessários em uma organização. Embora extremamente importantes, os valores de anuência interna não servem para definir ou diferenciar claramente uma organização de outra. Os valores que geralmente se encaixam nessa categoria incluem honestidade, integridade e respeito. Se isso soa genérico, algo visto em praticamente todas as declarações de valores emolduradas nas paredes de empresas medíocres que já visitou, então você entende o problema. Os valores de anuência interna devem ser delineados a partir dos valores fundamentais para evitar a diluição e o genericismo (acho que essa palavra não existe, mas você entendeu o que quero dizer).

Integridade a respeito da integridade

A equipe executiva de uma recém-criada empresa de tecnologia com a qual trabalhamos insistiu que integridade era um valor essencial de sua empresa (muitos de nossos clientes dizem isso).

Eles justificaram explicando que nunca contratariam alguém que tivesse mentido durante uma entrevista ou incluísse informações falsas no currículo. Explicamos que a maioria das organizações tinha políticas semelhantes. Portanto, se não estivessem dispostos a adotar padrões mais estritos de integridade, e, além disso, cumprissem esses padrões mesmo diante de uma séria pressão do mercado, deveriam classificar a integridade apenas como valor de anuência interna.

Eles inicialmente recusaram, dizendo: "As pessoas vão pensar que não nos importamos com integridade, caso não a consideremos como um de nossos valores fundamentais."

Numa reunião posterior, os executivos discutiram a possibilidade de coletar dados sobre concorrentes de uma maneira que poderia parecer antiética para algumas pessoas. Nós os lembramos de sua insistência em incluir a integridade como um valor fundamental. Eles cederam e reclassificaram como valor de anuência interna.

Valores acidentais

Esses valores referem-se a características que são evidentes em uma organização, mas resultaram de circunstâncias involuntárias e não necessariamente servem ao bem da instituição. Em muitas empresas, tendências comportamentais se desenvolvem com o tempo por causa do histórico da companhia, ou porque os novos contratados têm origens semelhantes. Um dia, ao olhar ao redor, todos percebem que praticamente a totalidade de funcionários compartilha alguma característica: status socioeconômico, introversão ou boa aparência. A pergunta que precisa ser feita, então, é se aparência, introversão e classe social foram buscados pela empresa de propósito ou se aconteceu de maneira acidental. É importante que os líderes evitem valores acidentais que podem impedir que novas ideias e pessoas floresçam e se desenvolvam dentro de uma organização. Às vezes, os valores acidentais podem mesmo sabotar resultados, bloqueando novas perspectivas e até mesmo clientes em potencial.

Consequências não intencionais

Uma empresa de acessórios de moda que assessoramos na época de sua fundação adotou três valores fundamentais. Em torno deles, construiu cuidadosamente suas operações.

Passados alguns anos, visitamos a sede da empresa. Eles haviam crescido consideravelmente e contratado dezenas de novos funcionários. Mas algo me impressionou sobre as novas contratações: todos pareciam ter vinte e poucos anos e vestiam o mesmo tipo de roupas pretas e modernas.

Perguntei ao CEO: "Quando você adotou um novo valor fundamental?"

Ele pareceu confuso com minha pergunta. Então comentei que a empresa parecia contratar pessoas com perfis semelhantes – tanto em termos etários quanto em estilo pessoal. Foi só então que ele percebeu que acidentalmente tinham adotado uma cultura jovem e moderna, embora não combinasse com sua base de clientes, o que poderia limitar o apelo de sua empresa para contratos em potencial. Eles tomaram medidas para rever seus métodos de recrutamento.

Isolando o essencial

A solução para distinguir os valores fundamentais de outros valores, especialmente os aspiracionais e de anuência interna, é fazer algumas perguntas capciosas. Por exemplo, para discernir valores fundamentais dos aspiracionais pode-se perguntar o seguinte: *esse ponto é inerente, natural e manifesto na organização há muito tempo? Ou é algo que temos que nos esforçar para cultivar?* Um valor fundamental será reconhecido por existir há algum tempo, e requer pouco estímulo intencional.

Os valores de anuência interna também costumam ser confundidos com os fundamentais. A melhor maneira de diferenciá-los é perguntar: *será que nossa organização seria capaz de afirmar que estamos mais comprometidos com esse valor do que 99% das empresas do nosso setor?* Em caso positivo, então talvez seja realmente fundamental. Se não, provavelmente é um candidato a anuência interna, pois não deixa de ser importante e deverá ser usado como filtro na contratação de funcionários, mas não é o que diferencia a organização e a define com exclusividade.

Vale a pena reafirmar que a razão pela qual as organizações precisam entender os vários tipos de valores é evitar que eles provoquem confusão e diluam os valores fundamentais. Valores fundamentais são os mais importantes.

Escolhendo um nome

Outro recurso para realizar com sucesso o processo de identificação de valores fundamentais é decidir como intitulá-lo, uma vez identificado. É fundamental evitar o excesso de palavras e, ao mesmo tempo, encontrar a frase mais descritiva e eficaz possível. Recomendo que os líderes escolham uma palavra ou frase singular e não tradicional – algo que não traga em si um legado muito utilizado, que todos supõem saber de antemão exatamente o que significa. Uma vez que um nome ou um termo tenha sido escolhido, será importante para a equipe executiva defini-lo com a descrição mais vívida possível. E a melhor maneira de fazer isso é elaborá-la tendo em mente como esse valor se mostra quando posto em ação.

Varredor de chão

Um cliente de uma startup com quem trabalhei descreveu um de seus valores fundamentais como "estar disposto a varrer o chão". A maioria das empresas descreveria isso como "trabalho árduo" e poucas pessoas fora da organização saberiam exatamente o significado. Mas esse fator foi positivo, porque possibilitou à empresa uma oportunidade de definir a frase à sua maneira.

Nesse caso, a descrição "disposto a varrer o chão" demonstra falta de preocupação com status e ego, além da intenção de fazer todo o necessário para contribuir com o sucesso da empresa. Nenhuma atividade profissional seria inadequada para qualquer funcionário, e até mesmo o executivo do mais alto escalão deveria estar disposto a se encarregar de uma tarefa trivial, se necessário.

Esse valor se mostrou tão poderoso que, no dia seguinte ao comunicado da equipe de liderança, um de seus membros decidiu pedir demissão, simplesmente porque não se reconhecia como um varredor de chão. Sem grandes dificuldades, ele reconheceu seu próprio orgulho e que grande parte de sua carreira era concentrada em construir um currículo significativo. Ele não queria ser o membro desajustado da equipe.

O CEO aceitou sua renúncia de bom grado e sem ressentimentos, aliviado por ter abordado a discrepância antes que viesse a se tornar um problema maior. Alguns anos depois, esse mesmo executivo nos procurou com o intuito de fazer uma consultoria para sua nova empresa. Ele havia apreciado a clareza que havíamos proporcionado e desejava implantar uma cultura igualmente clara e forte em sua nova organização.

O problema para as organizações que escolhem palavras comuns como *inovação* ou *qualidade* é que cada pessoa tem sua própria compreensão desses termos. Isso torna um pouco mais difícil para os líderes estabelecerem sua própria definição. Claro que nada disso importa se os valores que uma organização adota não forem reais. Quando os líderes escolhem frases elaboradas e únicas para seus valores, mas não aderem a eles, geram mais indiferença e desconfiança do que se não tivessem dito nada.

Uma vez que a organização identifique e descreva com sucesso seus valores fundamentais e os diferencie de outros tipos, ela deve, então, fazer o possível para não tolerar violações desses valores. Deve garantir que todas as atividades realizadas, todos os funcionários que contrata e todas as políticas que estabelece reflitam esses valores fundamentais. Poucas organizações realmente se comprometem com essa importante medida. Em geral, permitem que seus valores sejam minimizados como mero idealismo, em vez de considerá-los os tijolos que constituem suas operações e sua cultura. Para aqueles que levam este conceito a sério, é extremamente importante não diluir o poder dos valores fundamentais ou mesmo anulá-los por adotar princípios em excesso. Mais adiante, quando discutirmos como reforçar a clareza, abordarei as várias formas pelas quais organizações saudáveis podem construir seus valores em atividades que direta ou indiretamente envolvem as pessoas.

Identificando os valores fundamentais

Uma das melhores maneiras de identificar os valores fundamentais de uma organização é realizar um processo em três etapas com sua equipe executiva. O primeiro passo é identificar os funcionários da organização que já incorporam o que há de melhor na empresa, dissecando as razões que levaram tais pessoas a ser tão admiradas pela equipe de liderança. Essas qualidades formam o conjunto inicial de valores fundamentais potenciais.

Em seguida, os líderes devem identificar os funcionários que, embora talentosos, não são mais adequados para a organização. São pessoas que, apesar de suas habilidades técnicas, provocam descontentamento à sua volta e agregariam valor à organização caso estivessem ausentes. Uma vez identificados esses colaboradores – apesar dos pesares, geralmente isso é um pouco mais fácil do que o primeiro passo –, eles precisam ser analisados do mesmo modo que os mais admirados. Por que eles se tornaram um problema? O *oposto* dessas características desagradáveis fornece mais um conjunto de itens que podem vir a ser considerados valores fundamentais.

Por fim, os líderes precisam ser sinceros sobre si mesmos e avaliar se são ou não capazes de incorporar os valores desse conjunto de proposições.

Espelho, espelho

A equipe de liderança de uma startup de alta tecnologia em rápido crescimento me pediu para ajudá-los a identificar seus valores fundamentais. Depois de avaliar um número de funcionários notáveis e fazer o mesmo com alguns dos mais difíceis, a equipe identificou alguns valores que pareciam candidatos naturais para a inclusão numa listagem inicial.

Um desses valores foi a sociabilidade. Os executivos estavam convencidos de que tal característica era compartilhada pelos melhores funcionários da organização e ausente nos problemáticos. Eles acreditavam que haviam descoberto uma maneira de descrever sociabilidade de um modo significativo, porém, basicamente esse era o conceito que receberia o foco principal.

Foi então que tive que lhes pedir que prosseguissem até o terceiro passo e garantissem que os valores sugeridos, incluindo a sociabilidade, também se aplicassem a eles próprios. Perguntei: "Então vocês diriam que esta equipe de liderança incorpora a sociabilidade?" Os executivos da sala hesitaram um pouco e se entreolharam. Sem pensar muito, continuei: "Pergunto porque, comparada a outras equipes com quem trabalhei, não diria que vocês pareçam particularmente amistosos."

Após uma breve pausa, os executivos riram e concordaram que eles também não se viam como pessoas excessivamente amistosas. Rapidamente, eliminaram o item da lista de valores fundamentais. Incluí-lo seria um convite a acusações de hipocrisia por parte dos funcionários. Imagine esses executivos promovendo publicamente a sociabilidade como algo inerente à empresa e pretendendo que tudo, desde as avaliações de desempenho até o recrutamento de colaboradores, girasse em torno de um conceito que eles próprios não seguiam naturalmente.

Ao mesmo tempo, os executivos concordaram que precisavam trabalhar para se tornarem mais acessíveis e amigáveis, porque era algo que muitos na organização valorizavam. Isso se tornaria um valor aspiracional, mas por certo não fundamental.

Esse processo de três etapas obviamente não é científico, mas, ainda assim, é uma maneira confiável de prover informações aos líderes em sua investigação sobre o que é essencial para a cultura da empresa. A decisão sobre os valores fundamentais raramente acontece de uma só vez, e por boas razões. Em geral, requer discussão e revisão extensas entre os líderes, que devem ter a certeza de que o alicerce cultural de implantação é sólido.

Tendo respondido às duas primeiras perguntas, *por que existimos?* e *como nos comportamos?*, uma equipe de liderança pode então começar a responder às próximas quatro questões, que são um pouco mais concretas e tangíveis.

PERGUNTA 3:
O QUE FAZEMOS?

Esta questão é a mais simples das seis e a que leva menos tempo e energia para ser respondida. A resposta está no extremo oposto da escala de idealismo abstrato que norteia a razão de existência de uma empresa. É apenas uma descrição do que a companhia realmente faz, sem adjetivos floridos ou advérbios. Nada etéreo ou abstrato. Simplesmente uma definição seca, de uma frase – algo que sua avó poderia facilmente entender (sem qualquer ofensa às vovós). A resposta a essa pergunta é algo que chamamos de definição de negócio de uma organização (e nunca uma declaração de missão).

Se a razão de existência de uma organização responde à pergunta "por quê", então sua definição de negócio responde à pergunta "o quê". É essencial que o conteúdo seja claro e direto. Não deve ser esmerada com o intuito de ser usada em material de marketing. O ponto é apenas certificar-se de que essa definição ofereça à equipe de liderança uma clara compreensão e possa descrever com precisão a natureza dos negócios da empresa, sem criar ambiguidade para o resto da organização ou seus associados. Simples assim.

Chegar a uma boa definição de negócio não é muito difícil e muitas vezes não leva mais que dez, talvez vinte minutos. Ao contrário dos valores fundamentais, a maioria dos executivos tem uma boa percepção das atividades básicas das organizações que lideram. No entanto, surpreendo-me quando peço aos membros de uma equipe de liderança que escrevam uma ou duas frases sobre o que acham que a organização faz – e acabo descobrindo que há mais discrepâncias do que eu ou, mais propriamente, *eles* pensavam. Utilizar alguns minutos para garantir que todos estejam na mesma página sempre vale a pena.

A seguir, indico alguns exemplos de respostas de organizações com as quais trabalhamos. Elas não são particularmente interessantes, e suponho que isso faça parte do tópico. São apenas descrições concretas e detalhadas que, quando combinadas com a razão de existir, descrevem o que uma organização faz e por que faz:

- *Uma empresa de energia:* "Geramos e distribuímos produtos e serviços de eletricidade e de gás natural para todo o estado."
- *Uma empresa de cartão de crédito:* "Oferecemos produtos para pagamento e concessão de crédito a consumidores."
- *Uma empresa de hardware:* "Desenvolvemos, fabricamos e comercializamos discos rígidos, unidades de estado sólido e subsistemas de armazenamento para consumidores, indústrias e empreendimentos."
- *Uma empresa biofarmacêutica:* "Descobrimos, desenvolvemos, produzimos e comercializamos medicamentos por meio da integração científica."
- *Uma igreja católica:* "Fornecemos sacramentos, serviços de beneficência, aconselhamento e educação religiosa para os membros de nossa paróquia."

Repetindo: descrições sem advérbios ou adjetivos, desprovidas de detalhes desnecessários sobre canais de vendas ou preços. Esse tipo de informação virá na próxima seção, quando abordarmos estratégias.

Importante notar que a definição de negócios de uma organização pode ser modificada com o tempo, mas somente quando o mercado muda e exige uma alteração significativa na atividade fundamental da instituição. No decorrer dos quinze anos de minha empresa de consultoria, alteramos nossa definição de negócios três vezes. Nossos valores fundamentais e razão de existir, no entanto, nunca mudaram.

Isso é o que precisava ser dito sobre a terceira pergunta. A próxima a ser respondida é muito mais interessante e importante.

COMO VAMOS OBTER SUCESSO?

Quando líderes respondem a essa pergunta, eles estão, em essência, determinando sua estratégia. Infelizmente, mais do que qualquer palavra no dicionário comercial, *estratégia* é uma das que têm maior uso e, no entanto, é comumente mal definida. Executivos, consultores e estudiosos empregam a palavra com significados tão diferentes que, na prática, ela se tornou sem sentido quando desprovida de uma definição esclarecedora cada vez que é mencionada.

Anos atrás, pouco depois de ter iniciado minha empresa de consultoria, cheguei a me assustar quando um cliente pediu que ajudasse sua equipe em relação à estratégia. Pensei: *o que exatamente é uma estratégia?* Para mim, isso foi algo particularmente preocupante, em especial porque passei dois anos trabalhando em uma empresa de consultoria em gestão estratégica. Eu me perguntei: *será que eu estava dormindo na aula em que nos ensinaram a definição de estratégia?*

A estratégia de uma organização nada mais é do que o conjunto de decisões intencionais que uma empresa toma com o intuito de proporcionar a melhor chance de prosperar e se diferenciar das concorrentes.

Então fui pesquisar, lendo e relendo alguns livros sobre o assunto. Eles eram, na maior parte, confusos. O livro de Michael Porter, *Estratégia competitiva*, foi de longe o mais útil, e, adicionando algumas de nossas ideias baseadas em empresas com as quais trabalhamos, criamos nossa própria definição e nosso processo para identificar a estratégia.[3] Ficamos aliviados e um tanto surpresos ao saber que os clientes gostaram de tal definição, e que não éramos os únicos confusos com o significado da palavra.

Âncoras estratégicas

Basicamente decidimos que a estratégia de uma organização é seu plano de sucesso. Nada mais é do que o conjunto de decisões intencionais que uma empresa toma com o intuito de proporcionar a melhor chance de prosperar e se diferenciar das concorrentes. Isso significa que cada decisão, se tomada de forma intencional e consistente, fará parte da estratégia geral.

Tal definição não é particularmente prática ou útil para orientar as decisões de líderes e funcionários. Percebemos que a melhor maneira de uma organização tornar a estratégia mais efetiva é reduzi-la a três âncoras estratégicas, que fundamentarão cada decisão tomada pela companhia, fornecendo o filtro ou a lente pela qual as decisões devem ser avaliadas para assegurar sua consistência. As âncoras estratégicas fornecem o contexto para todas as tomadas de decisão e ajudam as empresas a evitarem a tentação de tomar decisões puramente pragmáticas e oportunistas, que frequentemente acabam prejudicando o plano de sucesso da organização.

Branding estratégico

Trabalhamos com uma empresa de hortifrutigranjeiros que resolveu que uma de suas três âncoras estratégicas seria manter "uma marca top", de alta qualidade. Por conta disso, seus produtos foram comercializados de forma agressiva, usando o nome da empresa em supermercados e com apresentações atraentes para justificar os preços mais altos.

Entretanto, por vezes os produtos da empresa não vinham da fazenda tão atraentes e deliciosos quanto o esperado. Resistindo à tentação de misturá-los com o produto de maior qualidade, esperando que os consumidores não notassem, os líderes decidiram vender seus produtos de qualidade ligeiramente inferior por outros canais, sob uma marca diferente e, claro, a um preço menor. Nos raros casos em que não conseguiram fabricar um produto de qualidade superior em determinada categoria, a empresa simplesmente se recusou a fornecê-lo às lojas. Seus executivos preferiram perder a receita de curto prazo do que desvalorizar a imagem da marca, o que acreditavam ser fundamental para sua diferenciação e sucesso a longo prazo.

Tenha em mente que outra empresa, com um conjunto diferente de âncoras estratégicas, por exemplo, e abstendo-se de ser "uma marca top", provavelmente lidaria com essa situação de forma diferente. E isso não seria um problema, desde que fosse intencional e coerente com o que os líderes acreditassem que possibilitaria o sucesso da organização.

Identificando suas âncoras

A melhor maneira de identificar âncoras estratégicas é adotar uma abordagem de engenharia reversa, compilando tudo o que é conhecido sobre a organização. Seus líderes precisam começar criando uma lista minuciosa de todas as decisões e realidades que formam o contexto da situação atual. Isso incluirá qualquer coisa além da razão de existência, dos valores fundamentais e da definição de negócios da organização.

Para entender como funciona, vamos dissecar uma pequena cadeia regional de lojas de artigos esportivos.

Suponhamos que a empresa já tenha respondido às perguntas: *por que existimos?, como nos comportamos? e o que fazemos?*. Digamos que sua razão para existir seja "assistir pessoas que apreciam atividades ao ar livre", seus valores fundamentais são "entusiasmo em ajudar pessoas, responsabilidade individual e valorização de comprometimento pessoal", e sua definição comercial é "fornecemos equipamentos recreativos e produtos relacionados a esportes para as pessoas na região metropolitana".

Tendo identificado esses componentes elementares, a próxima pergunta que os líderes precisariam responder, e que está no cerne de sua âncora estratégica, é: *como vamos obter sucesso?* Ou, em outras palavras, *como tomaremos decisões de maneira deliberada, intencional e exclusiva que permitam maximizar nosso sucesso e nos diferenciar de nossos concorrentes?*

Para criar essa lista minuciosa, os líderes terão que considerar tudo que for imaginável em relação a seus negócios. E quero dizer tudo mesmo – tópicos como preço, recrutamento, localização geográfica, marketing, publicidade, *branding*, merchandising, terceirização, parcerias, seleção de produtos, experiência na loja, ofertas de serviços, promoções, decoração, entre outros. Tenho certeza de que deixei alguma coisa de fora. Aqui está um exemplo de lista:

- Grande variedade de produtos
- Preços competitivos / baixos
- Categorias esportivas não tradicionais
- Oportunidades para treinamento e aperfeiçoamento de funcionários
- Recrutamento enfatizando atitude e ajuste cultural

- Foco sazonal de mercadorias
- Informalidade de apresentação nas lojas
- *Displays* e merchandising minimalistas
- Treinamento de primeiros socorros e outros cursos médicos gratuitos
- Espaço gratuito para reuniões de escoteiros e equipes esportivas locais
- Produtos para animais de estimação
- Lojas tipo armazém
- Fácil acesso e estacionamento
- Funcionários sazonais
- Ingressos para teleférico a preço de custo
- Descontos para funcionários
- Loja aberta até tarde
- Publicidade mínima
- Patrocínio ativo de eventos locais
- Política generosa de trocas e devoluções
- Horário de trabalho flexível
- Salários e benefícios melhores do que a média da indústria
- Seis lojas na área metropolitana
- Alta cooperação entre lojas
- Aluguel de equipamentos

É uma lista longa e detalhada, e precisa ser. Impossível não notar que alguns dos itens são um tanto redundantes e que não há um sistema de classificação claro ou consistente. Em outras palavras, seria como incluir maçãs, laranjas, macacos e Cadillacs. É preferível ser redundante e um tanto inconsistente do que deixar algum item de fora. O objetivo é apenas colocar tudo na mesa (na verdade, no cavalete) para que os membros da equipe executiva possam ter uma noção geral dessa imagem confusa. É importante notar que, quando trabalhamos com clientes, não escrevemos esses itens como uma lista linear. Nós desenhamos uma grande ameba em um cartaz e começamos a preenchê-la com termos e frases. Isso facilita a assimilação das relações entre os termos escritos, algo que se tornará importante na etapa seguinte.

O próximo passo é um pouco confuso, difícil, não científico e divertido. Os líderes devem procurar padrões que indiquem a direção estratégica e as âncoras da organização. Em outras palavras, precisam identificar itens, ou coleções de itens, que se encaixam para formar um grupo ou categoria. Michael Porter elaborou um processo semelhante chamado *mapeamento do sistema de atividades*.[4]

No caso da cadeia de lojas de artigos esportivos em questão, parece haver algo comum entre as lojas localizadas em prédios grandes e com baixo valor de aluguel, o gasto mínimo em merchandising, publicidade e marketing tradicional e uma política de preços relativamente baixos. A equipe executiva pode rotular essa âncora em potencial como "manter os preços baixos por meio de contenção de despesas sempre que possível" ou então "reduzir os custos fixos ao máximo". Seja como for, estará relacionado à ideia de preços baixos e custos reduzidos.

Da mesma forma, eles certamente verão uma conexão entre oferecer treinamento gratuito de primeiros socorros, oferta de espaço gratuito para reuniões de equipes esportivas locais, fácil acesso e amplo estacionamento, além de patrocínio de eventos esportivos, o que será definido como "construir lealdade e tornar-se um destino comunitário local".

Por fim, salários e benefícios competitivos, o investimento em treinamento, contratação baseada em valores comportamentais, horários flexíveis, descontos para funcionários e até mesmo um regulamento de devolução e trocas liberal sugerem que "criar um ambiente positivo e flexível para os funcionários" poderá ser outra âncora. (Veja o quadro "A ameba de estratégias" na página seguinte.)

Lembre-se, esse processo sempre será um pouco confuso. Requer julgamento, reflexão e, às vezes, síntese intuitiva por parte dos membros da equipe executiva. No entanto, é um processo confiável e trará resultados que vão repercutir na equipe, inspirando confiança na maneira em que as decisões são tomadas estratégica e intencionalmente.

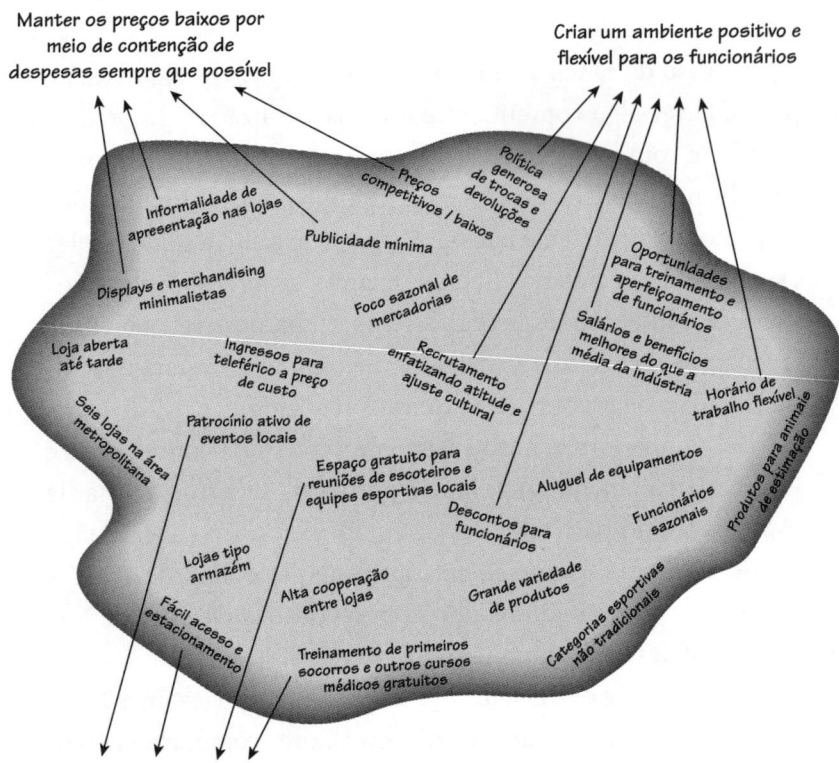

A ameba de estratégias

O processo de identificação de âncoras estratégicas será diferente para cada organização, porém, igualmente confuso.

Comida estratégica

Ao fazer uma consultoria para a divisão de confeitaria de uma grande empresa de alimentos, iniciamos nossa discussão sobre estratégia elaborando uma lista detalhada de particularidades sobre os negócios: modelo integrado de envio direto para lojas, marca forte, foco no cliente, inovação, qualidade do produto (sabor), alavancagem por fazer parte de uma grande empresa, operando com vantagem competitiva, competindo com marca própria, marca de excelência, lugar divertido para trabalhar, baixas margens de lucro, sede em Nova York, sete fábricas nos Estados Unidos, alta qualidade, foco no mercado norte-americano, complexidade operacional, produtos superiores, uso de marketing na loja, múltiplas marcas, direcionado ao consumidor e uso agressivo de tecnologia.

Em seguida, os executivos examinaram as tabelas com todos os itens, procurando por possíveis âncoras. Para ajudá-los, perguntamos: "Quais desses itens são tão fundamentais que devem ser usados como referência para influenciar as outras decisões?" As respostas não saltaram de imediato, mas, como de costume, depois de cinco ou dez minutos de discussão ideias viáveis começaram a surgir, além de outras que decerto não seriam âncoras estratégicas (por exemplo, sede em Nova York).

Quando as pessoas começaram a discutir possíveis opções para âncora, automaticamente criaram novas e melhores maneiras de descrever o que haviam colocado na lista a princípio, o que foi ótimo. Relembramos que esse foi um processo confuso e não linear. E é exatamente assim que deve ser.

A cada vez que alguém fez uma recomendação como postulante a possível âncora, perguntamos à equipe se era algo fundamental ou apenas uma função de outro elemento na listagem que era ainda mais fundamental. No fim, a equipe definiu as seguintes âncoras estratégicas: superioridade do produto, uso do marketing na exposição de produtos em lojas e desempenho financeiro previsível.

A equipe dizia que seu sucesso dependeria de três elementos:

1. Continuar a fabricar produtos com melhor sabor e maior qualidade do que seus concorrentes.
2. Excelência em merchandising e localização na loja.
3. Fornecer resultados financeiros consistentes e conservadores.

Todas as decisões tomadas deveriam ser motivadas e avaliadas à luz dessas âncoras.

Por exemplo, se uma empresa emergisse como potencial candidata para aquisição, a equipe avaliaria essa decisão com base nos três critérios a seguir:

1. O candidato à aquisição tem produtos que são ou poderiam ser de qualidade superior aos de sua concorrência?
2. Podemos comercializar esses produtos nas lojas de uma forma que atenda a nossos padrões?
3. Existe uma chance razoável de auferir lucros em um futuro não muito remoto?

Se a resposta a essas perguntas fosse sim, provavelmente se trataria de uma boa opção estratégica. Se as respostas fossem não, seguir com a aquisição provavelmente não seria uma decisão estrategicamente favorável, independentemente de quão tentadora ela pudesse ser.

Entretanto, em raras ocasiões, as empresas se encontrarão em cenários nos quais será preciso tomar decisões pequenas e táticas de curto prazo, que não necessariamente se ajustem às suas âncoras estratégicas. Nesses casos, é essencial que os líderes sejam completamente sinceros sobre o fato de que tal decisão está fora da estratégia da empresa e é uma rara exceção.

Ao contrário da razão de existência e dos valores fundamentais de uma empresa, que são imutáveis, e da definição de negócios, que se altera com alguma frequência, as âncoras estratégicas de uma organização devem mudar sempre que o cenário competitivo se modificar e as condições do mercado exigirem uma nova abordagem.

A frequência com que isso acontece depende da natureza do mercado específico de determinada organização. (Consulte o quadro "Durabilidade estratégica" na página seguinte.)

Em alguns casos, uma das âncoras estratégicas de uma organização pode ficar fora da lista apenas porque não é parte do que a organização está fazendo em determinado momento. Por isso precisa ser adicionada, devido à importância de reconhecer que o processo de identificação de âncoras estratégicas não deve ser completamente reativo ou histórico. Por vezes o próprio processo de identificar âncoras estratégicas alerta uma organização para o fato de que sua produção atual não é a mais adequada ou o suficiente para garantir sucesso e diferenciação, sendo, portanto, necessária uma mudança.

Outro resultado do estabelecimento de âncoras estratégicas é facilitar a concordância sobre o que uma organização *não* deveria estar fazendo.

Durabilidade estratégica

Com que frequência sua organização precisará modificar suas âncoras estratégicas?

Bem, isso vai depender em grande parte de duas características do setor: as barreiras à entrada em determinado mercado e a intensidade de inovação.

Quando as barreiras à entrada são altas e a inovação é relativamente baixa, as âncoras estratégicas são duradouras e exigirão menos mudanças ao longo do tempo. As companhias aéreas certamente se enquadram nessa categoria.

Quando as barreiras à entrada são baixas e a inovação é alta, as âncoras estratégicas precisarão ser revistas e revisadas com mais frequência. Empresas de aplicativos de software são bons candidatos a essa categoria.

Quando as barreiras à entrada são altas e a inovação é alta – algo que se aplica a empresas farmacêuticas –, a durabilidade estratégica se encontra em um lugar intermediário. O mesmo acontece quando as barreiras à entrada e à inovação são baixas, como é visto em muitas empresas de serviços, incluindo advocacia, consultoria e publicidade.

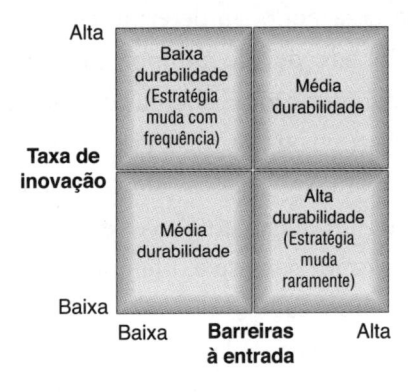

Escolas estratégicas

Trabalhamos com uma organização que administra escolas tipo *charter* – instituições que recebem verbas públicas, sendo geridas como colégios particulares, sem muita ingerência da autoridade de educação. Como acontece em muitas organizações com uma missão específica, a pretensão de ser tudo para todos é uma verdadeira tentação para os dirigentes dessas escolas. É claro que, com recursos limitados e desafios consideráveis, o custo da falta de estratégia é grande.

A equipe começou criando uma lista detalhada de tudo o que era característico da organização na época: foco na pré-escola até o sexto ano, padronização dos principais procedimentos em todos os colégios, matriz sediada no Texas, remuneração um pouco menor que a média das escolas públicas, ênfase na segurança dos alunos, inexistência de serviços de transporte, foco no desempenho, ênfase na utilização de dados coletados, ausência de programas de educação especial, envolvimento ativo do voluntariado e dos pais, promoção interna de líderes, avaliações formativas, foco nos benefícios oferecidos às crianças, baixo custo, *branding* e marketing mínimos, educação focada na formação de caráter, precificação controlada pelo Estado, modelo de liderança distribuída, autonomia do diretor, postura direta e aberta, entusiasmo dos funcionários pela missão.

Após uma hora de ardente debate, eles chegaram às seguintes âncoras estratégicas: padronização de operações, marketing seletivo, foco no desempenho e avaliação. Ficou definido que a maneira de garantir o sucesso e diferenciar-se da concorrência era garantir que todas as decisões refletissem a capacidade de alavancar processos padronizados por meio da eficiência e baixo custo, empregar um marketing econômico direcionado apenas aos pais nos micromercados a que servem, e, por fim, focar incansavelmente no progresso dos estudantes e no retorno financeiro do investimento feito pelos pais.

Essas âncoras também supriram a clareza necessária sobre o que não deveriam prover, como fornecer serviços de transporte e educação especial. Embora inicialmente desapontados quanto a algumas de suas decisões, os líderes da empresa tinham ciência de que sua capacidade de sucesso em um mundo competitivo implicava fazer escolhas estratégicas difíceis.

Muitas equipes de liderança lutam contra deixar passar oportunidades que parecem boas fora do contexto de sua estratégia. As âncoras estratégicas fornecem clareza e coragem à equipe executiva para superar essas distrações e permanecer no rumo planejado.

Muitas equipes de liderança lutam contra deixar passar oportunidades que basicamente parecem boas e facilmente justificáveis fora do contexto de sua estratégia, mas que poderiam vir a se tornar uma distração, afastando a empresa de sua intenção declarada. As âncoras estratégicas fornecem clareza e coragem à equipe executiva para superar essas distrações e permanecer no rumo planejado.

Algumas pessoas perguntam por que existem três âncoras estratégicas, e não quatro, duas ou quinze. Alguns anos atrás eu teria dito: "Bem, se você pensa que quatro ou cinco funciona melhor para a sua organização, vá em frente." Mas aprendi, com a assistência da experiência de clientes e consultores ao longo dos anos, que deveria haver três âncoras. Imagino que seja semelhante à ideia de triangulação ou do conceito das três pernas de um banquinho. Ou talvez três seja apenas o número que as pessoas podem lembrar ou ter em mente a qualquer momento. Seja qual for o caso, estou convencido de que três é quase sempre o número certo de filtros que uma organização deve estabelecer para tornar sua tomada de decisão a mais intencional e deliberada possível.

PERGUNTA 5:

O QUE É MAIS IMPORTANTE NESTE MOMENTO?

Mais do que qualquer outra questão, a resposta a essa pergunta terá um impacto imediato e palpável, provavelmente porque aborda dois dos mais trabalhosos desafios enfrentados pela rotina das empresas: transtorno de déficit de atenção organizacional e silos.

A maioria das organizações com que trabalhei tem prioridades demais para conseguir estabelecer um nível de foco necessário para a obtenção de sucesso. Querendo cobrir todas as bases, perseguem uma longa lista de objetivos diferentes e empregam seu escasso tempo, energia e recursos em todos eles. O resultado é quase sempre uma série de iniciativas executadas de maneira medíocre e o fracasso em realizar o que realmente importa. Esse fenômeno é perfeitamente capturado na famosa frase: "Se tudo é importante, nada é importante."

Quando um CEO anuncia que as prioridades de sua empresa para o ano são aumentar a receita, melhorar o atendimento ao cliente, introduzir produtos mais inovadores, cortar despesas e ampliar a participação no mercado (todos nós já vimos listas semelhantes), ele está praticamente garantindo que nenhum desses objetivos receberá a atenção que merece. Há uma consequência adicional além da distração, difusão e diluição que isso causa: o surgimento de silos departamentais.

Ao comunicar que a organização tem cinco ou sete prioridades, os líderes colocam seus bem-intencionados funcionários na posição inevitável de serem requisitados em direções diferentes e, por vezes, opostas. Focados no propósito de ter êxito, eles se deparam com objetivos incompatíveis em relação a seus colegas de outros departamentos, que são autorizados a tomar as próprias decisões, baseadas em suas prioridades. Os líderes não devem se surpreender ao descobrir que setores dentro da organização começam a operar como unidades independentes, sem alinhamento ou cooperação.

Só uma coisa

Dizer que há muitas prioridades é um paradoxo. Afinal de contas, para que algo seja a prioridade *principal*, tem que ser mais importante do que o resto. E mesmo que seja possível listar várias prioridades importantes, em última análise, uma delas deverá estar no topo. Toda organização, se quiser criar um senso de alinhamento e foco comum, deve ter apenas uma prioridade durante determinado período.

Toda organização, se quiser criar um senso de alinhamento e foco comum, deve ter apenas uma prioridade durante determinado período.

Percebi isso um pouco por acaso, quando notei que muitos de meus clientes estavam reclamando de silos em suas organizações. Decidi, portanto, que seria importante tentar resolver esse problema. Logo, saí em busca de empresas onde os silos não eram um problema, para aprender com elas. A busca foi infrutífera.

Notei então que havia uma categoria de organização que parecia estar acima do problema: as que tratavam de socorro em emergências. Essas incluem bombeiros no local de um incêndio, médicos e enfermeiros no pronto-socorro, soldados em uma missão de resgate e até mesmo policiais durante uma situação perigosa. Silos simplesmente parecem não existir nesses grupos.

Pense no seguinte: você nunca verá dois bombeiros na frente de um prédio em chamas discutindo qual deles deverá subir e salvar a vida de uma criança com base na jurisdição departamental de suas respectivas divisões. Nem encontrará duas enfermeiras debatendo qual setor será responsável por cobrir os custos da gaze enquanto um paciente na sala de emergência está sofrendo com uma hemorragia. E no meio de uma batalha, você não escutará um fuzileiro dizer: "Eu não vou arriscar minha vida. Este é um problema da Marinha."

Naturalmente, o que esses grupos têm em comum é uma crise – uma situação imediata com possíveis consequências bastante sérias. O que a crise proporciona a uma organização que se encontra temporariamente numa situação grave, esteja essa organização acostumada a lidar com emergências ou seja ela mais tradicional, é um grito de guerra – uma única área de foco em torno da qual não há confusão ou desacordo.

Objetivo temático (também conhecido como grito de guerra)

Ao refletir sobre o poder de um grito de guerra, eu me perguntei por que organizações não poderiam replicar os benefícios de alcançar esse tipo de foco (sem criar falsas crises, o que nunca é uma boa ideia). Concluí que não existe motivo para que organizações não tenham um grito de guerra, mesmo quando não estão em crise. Chamei-o de "objetivo temático", porque esse grito de guerra precisa ser imaginado no topo da lista em meio aos outros objetivos da organização. Desse modo, o objetivo temático é a resposta para a nossa pergunta: *o que é mais importante neste momento?*

Apresentei esse conceito em uma de minhas fábulas de negócios, *Silos, Politics, and Turf Wars*. Ela é útil para os leitores que desejem conhecer uma descrição mais completa e vívida do conceito de objetivo temático.[5] Antes de fornecer alguns exemplos do mundo real, vou definir claramente o que é um objetivo temático para que tudo faça sentido:

Um objetivo temático é...

- *Singular* – Um tópico tem que ser o *mais* importante, mesmo se houver outros que mereçam ser considerados.
- *Qualitativo* – O objetivo temático quase nunca deve ser estabelecido com números específicos. A oportunidade de inserir medidas quantitativas em torno de um objetivo temático virá posteriormente. Caso seja concretizado cedo demais, pode limitar em demasia os objetivos a serem alcançados e restringir a capacidade de união das pessoas em torno dessas metas.
- *Temporário* – Um objetivo temático deve ser alcançado dentro de um limite de tempo específico, quase sempre entre três e doze meses. Menos de três meses parecerá um treinamento de combate a incêndio, passar de doze meses será um convite à procrastinação e ao ceticismo. *Vou aguardar alguns meses porque tudo isso deve mudar e talvez eu nem esteja mais na empresa.*

- *Compartilhado por toda a equipe de liderança* – Quando os executivos concordam com a prioridade, todos devem assumir a responsabilidade coletiva de alcançá-la, mesmo que a natureza da meta se encaixe dentro da área de atuação específica de apenas um ou dois executivos.

A melhor maneira de identificar um objetivo temático é responder à pergunta: *se conseguirmos alcançar apenas uma coisa durante os próximos X meses, o que seria?* Em outras palavras, *o que deverá ter acontecido daqui a X meses para podermos olhar para trás e acreditar em nossas próprias palavras quando dissermos que tivemos um bom desempenho?* Essas perguntas fornecem um nível crítico de foco para líderes que estão sendo requisitados em várias direções.

Quando uma equipe concorda a respeito de seu objetivo temático, deve resistir à tentação de sair correndo e divulgar essa meta imediatamente ou fazer uma grande apresentação formal. O objetivo temático por si só não é suficiente. Precisa oferecer mais detalhes ou será visto como um slogan vazio. Retornarei a isso em breve.

Além disso, a meta principal do objetivo temático não é necessariamente reunir todos os grupos dentro da organização, por mais interessante que isso possa parecer. Na verdade, essa meta deve fornecer à equipe de liderança uma maior clareza sobre como usar seu tempo, energia e recursos. Na maioria dos casos, será apropriado que os líderes comuniquem essa meta aos funcionários em geral ou a algum subgrupo. Em casos raros, quando o objetivo temático gira em torno de algum assunto confidencial, como, por exemplo, uma possível fusão ou demissão, a comunicação poderá não ocorrer. Isso dependerá da natureza do objetivo e do grau em que envolve um esforço abrangente de toda a empresa. Entretanto, mesmo que a equipe de liderança nunca anuncie o objetivo temático e o utilize apenas para guiar suas ações, ele já terá servido a seu propósito.

Líderes sem camisa

Vale a pena repetir aqui que todo objetivo temático deve se tornar uma responsabilidade coletiva da equipe de liderança, independentemente de como será divulgado dentro da organização. Isso se aplica mesmo que a meta não envolva diretamente os departamentos liderados por alguns desses executivos. Para melhor compreensão, ajuda pensar em membros da equipe executiva participando das reuniões sem seus títulos departamentais. Ou, como gosto de dizer, eles precisam tirar suas camisas departamentais e "vestir a camisa" da empresa. Explorei essa ideia básica anteriormente, em minha descrição de equipe número um na seção "Implantar uma equipe executiva coesa", mas certamente vale a pena voltar ao assunto.

Em uma equipe coesa, os líderes não representam exclusivamente os departamentos que lideram e gerenciam, mas têm comprometimento global para resolver problemas que impedem o sucesso de toda a organização. Isso significa que oferecerão prontamente os recursos de seus departamentos quando isso atender às necessidades de outras equipes e terão um interesse ativo no objetivo temático, independentemente do nível de relação deste à sua área funcional. E, embora os membros da equipe por certo tenham experiência e responsabilidades dirigidas a diferentes setores do negócio, eles não limitarão sua participação a essas áreas. Infelizmente, para muitas equipes, isso acontece com frequência.

Como muitos dos representantes no Congresso ou nas Nações Unidas, é comum que os líderes cheguem a reuniões com a suposição tácita de que estão ali para fazer lobby e defender seus eleitores. Quando veem que a agenda do encontro de equipe tem pouco ou nada relacionado a seus interesses diretos, fazem o possível para evitar falar, na esperança de que a reunião termine rapidamente. Ou então tentam se ocupar de algum trabalho ou talvez até mesmo mudar o foco do encontro para algum tópico que envolva seu departamento.

Essa é a receita perfeita para disfunção e mediocridade. E embora eu vá abordar o assunto das reuniões mais adiante, deixe-me esclarecer que a falta de um objetivo temático é a causa de reuniões insatisfatórias, o que, consequentemente, leva a tomadas de decisões ruins.

Os benefícios de estabelecer um objetivo temático abrangente são enormes. A rivalidade entre departamentos e as disputas internas tornam-se menos frequentes, pois os líderes deixam de ver sua principal responsabilidade como administradores de seus próprios departamentos. O foco durante as reuniões fica mais claro à medida que assuntos secundários e sem importância são deixados de lado. A imobilidade acerca da alocação de recursos pode ser rompida em consequência da clareza em torno do que realmente merece energia e atenção. E a necessidade de arbitrar batalhas políticas, não apenas a nível executivo, mas ainda nas profundezas da organização, diminui consideravelmente à medida que as pessoas entendem melhor as permutas que são necessárias e suas justificativas.

Objetivos definidores

Perceber os benefícios de um foco claro e coletivo requer mais do que apenas a identificação do objetivo temático. Esse objetivo deve ser bem elucidado, definindo as metas que possibilitarão sua realização. Por razões óbvias, chamo-os de objetivos definidores. (A princípio, queria chamá-los de "grandes baldes cheios de coisas", mas foi desautorizado por meus colegas mais ajuizados.)

Objetivos definidores são categorias gerais de atividades necessárias para atingir o objetivo temático. Como o objetivo temático, os objetivos definidores devem ser qualitativos, temporários e compartilhados pela equipe de liderança. Eles fornecem um nível de especificidade para que o objetivo temático não seja meramente um slogan, mas um chamado à ação, específico e compreensível. Na maioria dos casos, há de quatro a seis objetivos definidores, dependendo da natureza do objetivo em si.

Prioridades de expedição

Estávamos trabalhando com a equipe de liderança de uma grande empresa de transporte de carga e logística que atravessava alguns percalços. Não dispor de capacidade excedente para assumir o crescente volume de negócios que surgia era um entre os vários desafios enfrentados pelos líderes. Depois de discutirmos este e vários outros tópicos, fizemos a pergunta fundamental: *se você obtiver sucesso em alcançar somente um objetivo nos próximos nove meses, o que exatamente deveria ser?*

Em apenas alguns minutos a equipe concordou que "se não conseguirmos resolver o problema de capacidade, estaremos em apuros".

Então, "resolver o problema de capacidade" tornou-se o objetivo temático. Não é algo glamoroso, mas claro e correto. E tão importante quanto ser a meta principal. Não havia qualquer dúvida de que esse objetivo temático constituiria a prioridade principal de todos os membros da equipe, independentemente de suas responsabilidades funcionais específicas.

O passo seguinte foi definir exatamente o que precisariam fazer para resolver o problema e atingir o objetivo temático. Em menos de uma hora de discussão e debate, eles chegaram aos seguintes objetivos definidores:

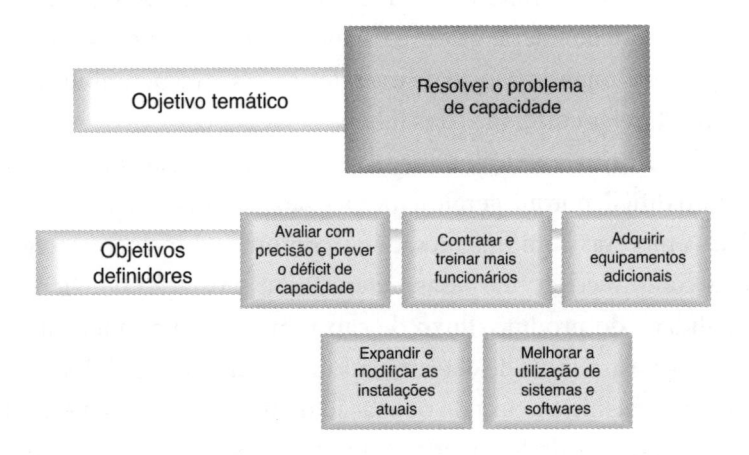

(Usamos o gráfico acima para descrever o objetivo temático e objetivos definidores, pois as imagens permitem que os líderes se lembrem dos conceitos e os aproveitem para referência futura.)

Por mais óbvio que pareça hoje, em retrospecto, se a equipe executiva não tivesse abordado o assunto, todos teriam voltado ao trabalho e continuado a trabalhar nos projetos e responsabilidades anteriores, tratando o problema de capacidade apenas como mais um em uma longa lista de objetivos importantes. Contudo, eles concluíram a conversa discutindo os pontos que deveriam ser deixados de lado e como realocariam recursos menos críticos da organização para atingir o objetivo temático.

O trabalho da equipe, no entanto, ainda não estava completo.

Objetivos operacionais padrão

Uma vez que as equipes tenham identificado seu objetivo temático, elas deverão ocupar-se da última etapa do processo: identificar os objetivos operacionais padrão. Esses são parâmetros e áreas de responsabilidade relativamente simples que qualquer equipe de liderança deve estabelecer para manter a organização funcionando. Gosto de me referir a essas responsabilidades como "tarefas cotidianas dos líderes".

Determinar os objetivos operacionais padrão não é algo muito difícil, porque geralmente eles são facilmente perceptíveis. Para empresas com fins lucrativos, comumente incluem categorias como receitas, despesas, retenção ou satisfação de clientes, qualidade do produto, fluxo de caixa, moral e quaisquer outras questões específicas de determinado setor. Em um hotel, isso certamente incluiria a taxa de ocupação do quartos; em uma escola, a porcentagem de formandos ou resultados de provas; em uma igreja, poderia abranger a participação de membros ou doações financeiras. Seja qual for o caso, poucas equipes de liderança precisam de mais de quinze minutos para identificar e confirmar seus objetivos operacionais padrão, visto que já fazem parte de seu foco diário.

No exemplo anterior, os objetivos operacionais padrão da companhia de transporte incluiriam receitas, despesas, entregas dentro do prazo, satisfação dos usuários, aquisição de novos clientes, segurança e moral. Minha pequena empresa de consultoria segue os objetivos operacionais padrão de solidez financeira (incluindo receitas e despesas), moral da equipe, venda de livros, venda de produtos, canais de consultoria, canais de palestras, satisfação dos clientes e administração. Cada empresa terá um conjunto de objetivos-padrão ligeiramente diferente, mas será de certo modo sempre consistente e previsível, dependente da indústria e sem muitas alterações ao longo do tempo.

É importante notar que, por vezes, o objetivo temático de uma empresa já está na sua lista operacional padrão. Por exemplo, um hotel monitora regularmente a ocupação, mas, em determinado momento, isso poderá se tornar um desafio mais crítico. Nesse caso, os líderes o elevariam ao topo de sua lista e "intensificação de ocupação" seria seu objetivo temático por um período. E se a empresa de carga com a qual trabalhamos constatar que os pedidos de indenização e reparação por acidentes estão afetando sua viabilidade financeira, seus líderes poderiam designar "melhoria na segurança" como o objetivo temático temporário, embora seja parte da lista de seus objetivos operacionais padrão.

Isso não quer dizer que a maioria dos objetivos temáticos necessariamente venha da lista-padrão, apenas que, às vezes, é o indicado. E, claro, uma vez atingido o objetivo temático, o item voltará à lista-padrão.

O modelo de uma página

Diferentes tipos de organizações, por inúmeros motivos, têm diferentes objetivos temáticos, objetivos definidores e objetivos operacionais padrão. No entanto, o que todas têm em comum é que seus objetivos cabem em uma única folha de papel.

Foco do cartão de crédito

Um de nossos consultores trabalhou com uma empresa de cartões de crédito que constantemente desenvolvia parcerias com outras companhias a fim de implantar co-participações para seus cartões de crédito. Eles trouxeram um novo e importante parceiro, uma companhia aérea que tentaria fazer a migração do maior número possível de cartões – com milhagem – para nosso cliente.

Os executivos se sentiam impelidos a várias direções e pressionados a trazer novos negócios à empresa, mesmo enquanto temiam a possibilidade de não atender adequadamente a nova companhia aérea parceira. Por fim, concordaram em estabelecer um objetivo temático que lhes proporcionaria o foco e o alinhamento de que precisavam:

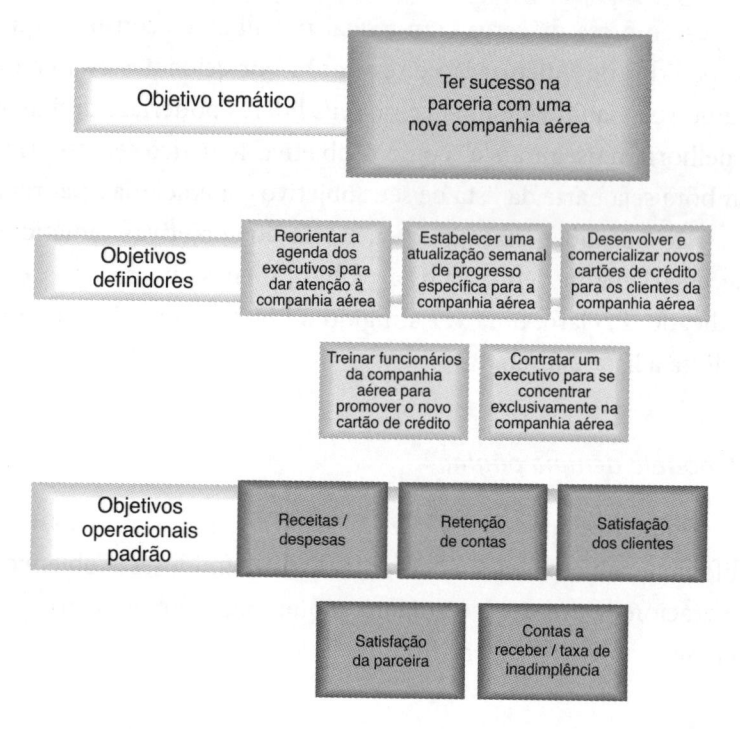

Uma única folha de papel listando o objetivo temático da equipe, seus objetivos definidores, bem como objetivos operacionais padrão, proporcionaria aos líderes o foco necessário para alinhar suas ações e evitar distrações.

Como recuperar uma reputação

Trabalhamos com a equipe executiva de uma organização de tecnologia de informação em uma grande empresa de assistência médica. Ao longo de anos o setor de TI vinha sendo criticado, apesar dos esforços do CIO e sua equipe para evitar erros e defender o departamento quando surgiam problemas. As críticas incluíam atrasos na entrega de projetos, não fornecer níveis de serviço adequados às linhas de negócios existentes e, em geral, não responder às necessidades da empresa.

Quando a equipe tomou conhecimento da existência do conceito de objetivo temático, decidiu que era hora de dar impulso à meta de enfim extinguir essa reputação de desempenho inferior. Seu quadro de objetivos temáticos ficou da seguinte maneira:

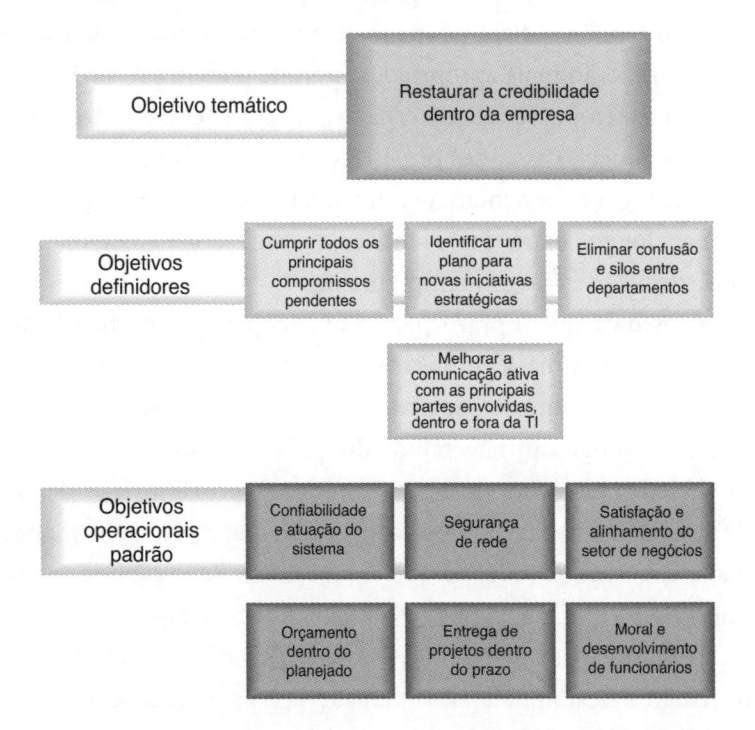

Um ano após o estabelecimento dessa estrutura de metas temáticas, a equipe havia recuperado sua reputação internamente, o que foi medido por pesquisas de clientes e feedback de executivos. Além disso, nos oito anos seguintes, o departamento conseguiu manter sua nova bem-sucedida e confiável reputação. O CIO esclareceu: "Somente quando estabelecemos o tópico como prioridade explícita e comunicamos exatamente o que faríamos é que fomos capazes de unir forças e redirecionar o departamento."

O período que um objetivo temático deve permanecer ativo (dentro do intervalo de 3 a 12 meses) depende da equipe executiva e da realidade específica que a resolução de uma questão exige. Dito isso, o tamanho da organização e a natureza de seus negócios terá um grande impacto no período de duração de um objetivo temático. Para pequenas empresas e startups, períodos mais curtos são mais apropriados, porque podem produzir mais em menos tempo, sem tanto espaço para cometer erros. Do outro lado da equação, grandes organizações, especialmente escolas e entidades governamentais, geralmente têm ciclos de planejamento mais longos e, por isso, tendem a aceitar objetivos temáticos cuja execução exige um tempo maior.

À medida que o prazo para a finalização de um objetivo temático se aproxima, a equipe executiva deve começar a pensar no próximo. Naturalmente, flexibilidade é importante. Se uma equipe conseguir progredir mais rápido do que o esperado para alcançar um objetivo temático, ela deverá antecipar o próximo. E se, depois de algumas semanas ou meses, decidirem que o objetivo temático não é mais apropriado ou que algum outro item ganhou maior importância, pode haver um redirecionamento de meta.

Lembre-se de que o propósito de um objetivo temático não é restringir a flexibilidade da organização, mas agregar seus líderes em torno do objetivo que eles decidirem alcançar.

Uma vez que a equipe de liderança tenha identificado seu objetivo temático, objetivos definidores e objetivos operacionais padrão, ela tem uma última questão para responder, provavelmente a mais fácil de todas.

QUEM DEVE FAZER O QUÊ?

Embora eu tenha deixado claro que os executivos precisam comparecer às reuniões sem "vestir a camisa" específica de seus departamentos, devendo estar preparados para engajar-se na meta temática global, independentemente de suas áreas de especialização, em algum momento os líderes precisam estipular com clareza quais serão suas respectivas responsabilidades quando retornarem a seus setores.

Toda organização precisa de divisão de trabalho, e isso começa no topo. Sem clareza sobre essa divisão do trabalho, o potencial para politicagem e lutas internas é grande, mesmo entre pessoas bem-intencionadas.

Não há muito a ser dito sobre essa questão em particular, além de alertar as equipes de liderança a evitar presumir de antemão. Embora quase sempre os executivos tenham clareza sobre a divisão de tarefas, conjecturar pressupostos sobre essa clareza pode trazer problemas desnecessários.

Parte do desafio é que a maioria das organizações adota títulos convencionais para seus vários departamentos. Dependendo do setor, a maioria tem uma combinação de algumas das seguintes funções: gerente de vendas, marketing, finanças, operações, recursos humanos, engenharia, TI, atendimento ao cliente e jurídico. E embora essas descrições funcionais sejam bons indicadores das responsabilidades gerais de seus líderes, fico sempre um pouco surpreso quando peço que descrevam suas atribuições em algum nível de detalhe.

Muitas vezes os membros da equipe se mostram surpresos com o que descobrem durante esse breve exercício. Em algumas ocasiões, duas pessoas afirmam ser responsáveis pela mesma tarefa: "Ei, eu também tenho desenvolvimento de negócios na minha lista!" Em outros casos, há uma lacuna: "Como é possível que ninguém tenha planejamento estratégico em sua lista?"

Em geral, o líder da equipe executiva, geralmente o CEO, é quem apresenta o maior problema. Muitos desses líderes assumem papéis ativos além da responsabilidade de gerenciar a equipe de liderança, e isso pode criar confusão. Por exemplo, em muitas organizações menores, o fundador e CEO ocupam dois papéis distintos: líder da equipe executiva e especialista funcional.

O CEO de duas cabeças

Uma das primeiras organizações a quem prestei consultoria foi uma startup de vestuário, instalada em um pequeno galpão com cinco funcionários. O CEO era o designer do produto. Como a empresa teve um rápido crescimento e aceitação no mercado, ele promoveu um de seus primeiros funcionários a gerente de produto (a pessoa era originalmente responsável pelo setor de entregas da empresa, bem como zelador do galpão, e, posteriormente, se revelou um designer notável).

O problema era que o CEO continuava a funcionar como principal especialista na área de produtos, o que confundia toda a equipe, especialmente o novo gerente de produto. Durante as reuniões, quando o CEO discutia detalhes dos produtos, os membros da equipe não argumentavam com muita veemência porque, erroneamente, supunham que ele estava falando como CEO e declarando sua intenção de tomar uma decisão final. Na realidade, ele estava apenas comentando como designer de produto e esperava encorajar a discussão.

Ao perceber que inadvertidamente restringia o debate e reduzia a autoridade de seu gerente de desenvolvimento de produto, o CEO decidiu ser mais explícito sobre qual função desempenhava a cada momento, esclarecendo ainda se sua intenção era contribuir para a discussão ou impor uma decisão como diretor-presidente da organização.

É tentador para os líderes, especialmente aqueles no topo das organizações, assumir temporariamente funções para as quais demonstram talento ou se sentem confortáveis. No entanto, o que eles geralmente não percebem é que os outros membros da organização, mesmo dentro de sua equipe, não têm a mesma clareza sobre os limites de suas responsabilidades.

Independentemente de quão claro ou ambíguo o quadro organizacional de uma empresa possa ser, sempre vale a pena dedicar um pouco de tempo para que todos na equipe executiva saibam e concordem com o que cada um faz, assegurando que todas as áreas cruciais estejam cobertas.

Bem, vamos supor que uma equipe tenha respondido com sucesso a cada uma das seis perguntas críticas. Ainda assim podem não usufruir da clareza que alcançaram caso não capturem essa clareza de uma maneira eficaz.

O MANUAL

Após a equipe de liderança responder a cada uma das seis questões críticas, é absolutamente essencial o registro de maneira concisa e eficaz dessas respostas, de modo que permita seu uso para comunicação, tomada de decisões e planejamento futuro.

Muitos líderes em geral cometem um ou dois erros depois de sair de uma sessão de estratégia na qual se aprovou um item importante. Comumente mandam imprimir e encadernar suas decisões em um documento vistoso, e depois os colocam em uma prateleira para acumular poeira. Ou não tomam qualquer providência para registrar suas ideias, imaginando que as pessoas na sala irão naturalmente acolher o que for importante ou relevante para seus departamentos.

A melhor alternativa a esses extremos e a ferramenta mais eficaz para manter as principais decisões relevantes é a criação de algo a que nos referimos como manual: um documento simples resumindo as respostas às seis questões críticas. Embora cada organização deva – e vá – criar o próprio manual, adaptado às suas necessidades, há dois pontos que os líderes de qualquer organização devem considerar para que a publicação funcione.

Em primeiro lugar, o manual deve ser curto. Algo além de poucas páginas é desnecessário e desencoraja a revisão do material. Na maioria dos casos, as respostas às seis perguntas poderão ser resumidas em uma única página – duas no máximo. E mesmo que a equipe deseje adicionar informações da Disciplina 1 (implantar uma equipe executiva coesa), como, por exemplo, perfis de membros da equipe ou resultados do exercício de eficácia, o manual não precisará de mais do que três páginas.

Em segundo lugar, os membros da equipe executiva deverão manter sua cartilha permanentemente à mão e não no fundo de uma gaveta. O manual deve ficar na mesa de trabalho de cada um, ser levado para as reuniões de equipe e estar sempre disponível para consulta rápida e como ferramenta para comunicação com seus funcionários.

A seguir, incluo um exemplo de manual. Mas lembre-se de que o essencial é manter as respostas às seis questões críticas vivas e relevantes. Ao fazer isso, a equipe executiva melhorará drasticamente suas chances de administrar a organização de maneira alinhada, consistente e intencional.

Exemplo de manual

Lighthouse Consultoria

Por que existimos? Nós existimos porque acreditamos que o mundo precisa de mais bons líderes.

Como nos comportamos? Nós nos comportamos com entusiasmo, humildade e inteligência emocional.

O que fazemos? Fornecemos serviços e recursos para líderes que desejam tornar suas organizações mais eficazes.

Como vamos obter sucesso? Vamos nos diferenciar fornecendo serviços de alta qualidade, permanecendo relativamente pequenos, preservando nossa cultura única e impulsionando ideias de especialistas de renome mundial no assunto.

O que é mais importante neste momento?

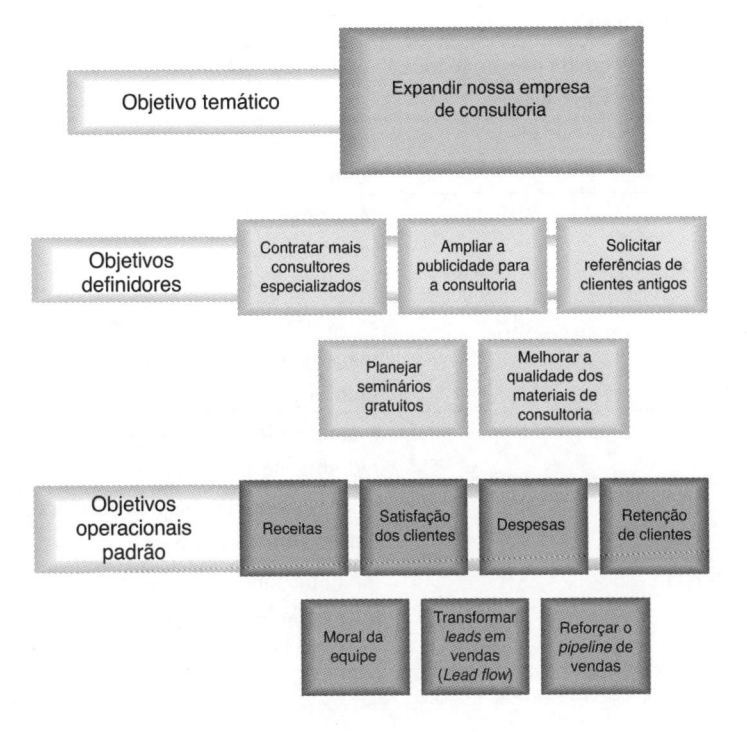

Quem deve fazer o quê?

Nome	Função	Responsabilidades gerais
Michael	CEO	Liderança da equipe executiva, estratégia da empresa, suporte de vendas
Dick	Consultoria Operacional	Consultoria e gerenciamento de projetos, desenvolvimento de conteúdo
Amy	CFO	Finanças, informática, jurídico, administração geral
Matt	Vendas	Vendas-padrão, parcerias
Tom	Marketing	Marketing-padrão, suporte ao cliente, eventos
Christa	Recursos Humanos	Treinamento, benefícios, salários

Perfil da equipe

Nome	Tipo de personalidade Myers-Briggs	Áreas para melhoria
Michael	ENTJ	Interromper menos; cumprir compromissos
Dick	INTP	Maior envolvimento com colegas; responder mais rapidamente a consultas/e-mails
Amy	ISTJ	Esclarecer mais suas ideias, manifestar-se mais durante as reuniões
Matt	ENFP	Manter-se focado durante as reuniões; levar adiante as decisões
Tom	INFJ	Não ter medo de discordar; ser mais severo com a equipe
Christa	ESTJ	Maior flexibilidade para as necessidades do negócio; não ficar na defensiva sobre seu departamento

LISTA DE VERIFICAÇÃO PARA A DISCIPLINA 2: CRIAR CLAREZA

Os membros de uma equipe executiva podem ter certeza de que dominaram essa disciplina quando são capazes de confirmar cada um dos tópicos a seguir:

- Os membros da equipe de liderança estão cientes da razão de existência da organização e concordam e se entusiasmam com ela.
- A equipe de liderança explicou e adotou um conjunto limitado e específico de valores comportamentais.
- Os líderes têm clareza e estão alinhados acerca de uma estratégia que os ajuda a definir sucesso e a se diferenciar dos concorrentes.
- A equipe de liderança está unida em torno de uma meta precisa e atual, tendo um senso coletivo de interação para com esse objetivo.
- Os membros da equipe de liderança compreendem os papéis e responsabilidades de todos os integrantes e se sentem à vontade para fazer perguntas sobre o trabalho de seus colegas.
- Os elementos de clareza da organização são concisos, resumidos e regularmente referenciados e revisados pela equipe de liderança.

Retornemos às nossas duas organizações.

A PRIMEIRA é administrada por uma equipe de liderança cujos membros lembram regularmente aos seus funcionários a razão de existência da empresa, seus valores centrais, estratégia e prioridade principal. Eles saem das reuniões tendo noção clara a respeito do que foi decidido e do que vão transmitir a seus subordinados. Também adotam medidas para garantir que estejam bem informados sobre as preocupações e ideias das pessoas que trabalham em sua empresa, para que possam considerá-las ao tomarem decisões.

A SEGUNDA tem uma equipe de liderança que limita sua comunicação a alguns poucos eventos por ano e, mesmo assim, o foco está principalmente em metas e iniciativas táticas. As mensagens depois das reuniões costumam ser escassas e inconsistentes, e eles não estão particularmente informados a respeito das opiniões dos funcionários que trabalham nos vários departamentos da organização.

Pergunta: que tipo de vantagem a primeira organização teria em relação à segunda, e quanto tempo e energia valeria a pena investir para tornar essa vantagem uma realidade?

DISCIPLINA 3

Supercomunicar clareza

Tendo a equipe de liderança se tornado coesa e trabalhado para estabelecer clareza e alinhamento acerca das respostas às seis questões críticas, então, e somente então, ela poderá efetivamente passar para a próxima etapa: divulgar essas respostas. Ou, melhor ainda, supercomunicar essas respostas – de novo, de novo, de novo, de novo, de novo e de novo, e mais uma vez.

Isso mesmo. Sete vezes. Alguém disse que funcionários não acreditam no que os líderes estão expondo até que tenham escutado sete vezes. Não importa se o número real é cinco, sete ou 77, o importante é que as pessoas têm uma tendência a serem céticas sobre o que está sendo dito a menos que escutem aquilo de maneira consistente ao longo do tempo.

Essa necessidade de repetição não é um testemunho de indiferença indevida por parte dos colaboradores, mas o resultado da comunicação genérica, quase repetitiva, que acontece em muitas organizações. Scott Adams e seu personagem Dilbert construíram toda uma narrativa em torno dos clichês existentes nesse fenômeno, e eu gostaria de poder dizer que seus quadrinhos não têm nada a ver com a realidade.

Afinal, quase todo líder diz que qualidade é a prioridade número um, o cliente sempre tem razão e os funcionários são o maior patrimônio da organização. É quase cômico ver como essas mensagens se tornam rotineiras. Assim, não surpreende que os colaboradores deem pouco crédito às declarações dos executivos e, em vez disso, aguardem para verificar se eles estão falando a verdade. Um dos melhores testes para aferir a seriedade das informações é se elas continuam a se repetir por um período prolongado de tempo.

Infelizmente, a maioria dos líderes com quem trabalhei hesita em se repetir. Isso me lembra uma anedota de uma velha esposa (na verdade, uma anedota de esposas), na qual a mulher pergunta ao marido: "Por que você não diz mais que me ama?" O marido, um pouco surpreso com a pergunta, fica pensativo por um momento e responde: "Bem, eu disse que te amava quando nos casamos. Aviso se algo mudar."

Os líderes, inadvertidamente, fazem a mesma coisa quando saem de uma convenção anual imaginando que completaram seu trabalho de comunicação ao descrever a estratégia ou prioridades da organização num discurso. Acreditam também que são meticulosos quando anunciam que os slides da apresentação podem ser encontrados no site da empresa. Mas parecem surpresos quando descobrem, algumas semanas depois, que os funcionários não estão seguindo o que lhes foi dito e que a maioria deles é incapaz de repetir a nova estratégia da organização com precisão.

O problema é que os líderes confundem a mera transferência de informações para um público com a capacidade desse público em compreender, internalizar e adotar a mensagem que está sendo comunicada. A única maneira de pessoas realmente aderirem a uma mensagem é escutá-la repetidamente durante um tempo, em uma variedade de situações distintas e, de preferência, dita por várias pessoas. É por isso que grandes líderes se veem como "Diretores Executivos de Memória" (CRO – *Chief Reminding Officers*) tanto quanto se veem em suas outras funções. As duas principais prioridades são definir a direção da organização e garantir que as pessoas sejam lembradas regularmente. Então, por que tantos falham nesse aspecto?

Grandes líderes se veem como "Diretores Executivos de Memória" tanto quanto se veem em suas outras funções.

Muitos não gostam da função de agir como "memória", pois consideram um desperdício, além de algo ineficiente. Foram treinados para evitar a redundância em praticamente todos os aspectos de seu trabalho, por isso relutam em adotá-la. Mas alguns líderes não estão tão preocupados com o desperdício no excesso de comunicação, apenas temem que a repetição de uma mensagem venha a insultar os ouvintes. Eles presumem que os funcionários não precisam ser informados mais de uma vez sobre um assunto e se sentirão tratados de maneira condescendente se isso acontecer.

O que esses líderes não percebem é que os colaboradores entendem a necessidade da repetição. Eles sabem que a mensagem, mais do que um processo intelectual, é um processo emocional. Não analisam o que os líderes dizem com base em seu teor de novidade ou no quanto são convincentes. Mais do que tudo, querem verificar se os líderes são sérios, autênticos e comprometidos com o que dizem. Mais uma vez: isso significa que repetição é fundamental.

Por fim, muitos líderes deixam de repetir informações porque ficam entediados ao reiterar as mesmas decisões infinitas vezes. Isso é compreensível. Pessoas inteligentes querem ser desafiadas por novas mensagens e novos problemas para resolver, então logo se cansam de ter que revisitar os mesmos tópicos de forma recorrente. Mas isso não importa. A atribuição principal de liderança não é manter o líder entretido, mas mobilizar as pessoas acerca do que é relevante. Quando isso exige repetição e reforço, algo que quase sempre acontece, o bom líder aprecia essa responsabilidade.

Repetição é mais do que apenas comunicar algo diversas vezes e do mesmo modo. Uma comunicação eficaz requer que as mensagens principais venham de diferentes fontes e por meio de vários canais, usando uma variedade de recursos. Isso inclui vários tipos de mídias eletrônicas, de e-mail a videoconferência, ou qualquer nova tecnologia de comunicação que esteja sendo introduzida no mercado quando este livro for publicado. Entretanto, o meio mais eficaz de comunicar uma mensagem, mesmo em uma organização grande e abrangente, não tem a ver com tecnologia e existe desde o início dos tempos. Estou me referindo ao velho *boca a boca*.

COMUNICAÇÃO EM CASCATA

Alguém me disse uma vez que a melhor maneira de garantir que uma mensagem alcance toda a organização é espalhar boatos sobre ela. Portanto, eles concluíram que os líderes simplesmente deveriam espalhar "boatos verdadeiros". Por mais tolo que possa parecer, essa estratégia é a base para o mais importante meio de comunicação dentro de uma organização saudável.

A maneira mais confiável e eficaz de levar uma organização a seguir na mesma direção é quando os membros da equipe executiva saem das reuniões com uma mensagem clara sobre o que foi decidido. Os executivos, então, divulgam a mensagem prontamente a seus subordinados diretos e os instruem a fazer o mesmo com todos os que estiverem sob a coordenação desses. Isso é o que chamamos de "comunicação em cascata", pois inicia um processo estruturado, mas interpessoal, de transmitir, diretamente da equipe de liderança, as principais mensagens para toda a organização.

Se a melhor maneira de garantir que uma mensagem alcance toda a organização é espalhar boatos sobre ela, os líderes simplesmente deveriam espalhar "boatos verdadeiros".

Se isso parece ridiculamente simples, é porque é. E, no entanto, não acontece na grande maioria das empresas, apesar de ser tão eficaz. Parte da razão de sua eficácia é o contraste com meios formais de comunicação. Nos últimos quinze ou vinte anos, os funcionários se acostumaram com uma comunicação eletrônica inconsistente, automática e inoportuna. Não há cinismo nessa constatação, é apenas a realidade. A maioria das equipes de liderança é bastante competente para enviar e-mails e fazer apresentações, e ainda assim lutam para estabelecer uma comunicação eficaz, porque os funcionários questionam a autenticidade do que estão lendo e ouvindo.

A comunicação em cascata oferece uma grande oportunidade para mudança. Surpreendentemente, quando funcionários de diferentes partes de uma organização ouvem seus líderes dizendo as mesmas coisas, eles realmente começam a acreditar que o alinhamento e a clareza podem ser alcançados. Isso permite que uma equipe de liderança obtenha sucesso rápido e significativo, estimulando executivos e funcionários.

Mensagens consistentes

Um dos meus primeiros clientes foi uma empresa multinacional de software que tinha escritórios em praticamente todas as partes do mundo. Não é de surpreender que os funcionários de diferentes filiais se sentissem desconectados, independentemente de quantas comunicações via e-mail e videoconferências ou quantas camisetas da empresa ganhassem.

Para resolver o problema, a equipe executiva começou a praticar a comunicação em cascata, saindo de reuniões e passando a seus funcionários um conjunto de mensagens. Esses subordinados eram então encarregados de transmitir essas mesmas mensagens às suas equipes.

Lembro-me do dia em que a líder do departamento de RH na Austrália ligou para seu colega na Alemanha para lhe contar algo que seu chefe acabara de dizer. Chocado, o colega alemão disse: "Uau, meu chefe acaba de dizer a mesma coisa!" Eles perceberam um senso de alinhamento maior por causa desse simples exemplo de mensagem consistente e informal, que funciona melhor do que quando recebem várias outras formas de comunicação mais sofisticadas.

Há três chaves para o sucesso da comunicação em cascata: consistência de mensagem de um líder para outro, pontualidade e comunicação imediata. Isso se inicia ao fim da reunião da equipe de liderança, no momento em que os executivos geralmente estão prontos para ir embora. É quando alguém precisa fazer a pergunta de um milhão de dólares: "Ei, e o que vamos contar para o nosso pessoal?"

Por alguns minutos, os líderes precisam rever as discussões da reunião e estabelecer quais de suas decisões estão prontas para serem divulgadas e quais não estão. Referimo-nos a isso como "esclarecimento de compromisso", por razões óbvias. Muitas vezes, durante esse processo, se descobre que nem todos estão em sintonia sobre o que acreditavam que fora decidido. Só então conseguem ter uma real clareza, reiterando resoluções que tomaram e concordando em sair da reunião espalhando boatos verdadeiros. Essa etapa final certamente tomará mais tempo, mas o custo de não cumpri-la costuma ser grande.

Confusão pós-reunião

No início da minha carreira trabalhei para uma empresa que enfrentava problemas e precisava cortar custos. Numa longa reunião executiva foi decidido que haveria um congelamento na contratação de novos funcionários até a situação melhorar.

O chefe de Recursos Humanos saiu da reunião e enviou um e-mail para todo mundo anunciando o congelamento das contratações. Dentro de cinco minutos, dois de seus pares que haviam participado da reunião entraram em seu escritório protestando contra a nova política.

"Eu não achava que o congelamento seria aplicado ao setor de vendas!", alegou um executivo. O outro executivo entrou na conversa: "E certamente não cortaremos engenheiros, não é?"

A equipe teve que se retratar e alterar sua política, o que criou tensão entre os colegas, sem mencionar a perda de credibilidade aos olhos dos funcionários. Tudo isso porque não despenderam alguns minutos a mais para esclarecer com o que estavam se comprometendo.

Por mais importante que seja o alinhamento, o que as equipes não devem fazer é lapidar excessivamente as mensagens e soar como robôs lendo exatamente o mesmo roteiro. Em vez disso, todos precisam ter clareza sobre os pontos principais a serem divulgados e, em seguida, explicar esses tópicos às equipes, com suas próprias palavras.

É fundamental que isso seja feito em um curto e compatível período. Se um membro da equipe se dirigir a seus subordinados e transmitir as mensagens logo após a reunião e outro esperar uma semana para fazê-lo, criará confusão e decepção compreensíveis entre os funcionários. Isso não quer dizer que tudo tenha que acontecer no mesmo momento. No entanto, 24 horas após a reunião seria um padrão aceitável.

Muitos executivos perguntam se podem divulgar os resultados de uma reunião por e-mail, WhatsApp ou SMS. A resposta é não. Embora essas ferramentas sejam certamente mais convenientes do que ter que falar diretamente, elas são bem menos eficazes. Os funcionários não têm a chance de fazer perguntas e pedir esclarecimentos. Além disso, quando eles recebem um e-mail ou escutam uma mensagem de voz, não podem deixar de imaginar como a mensagem foi editada e tentam ler nas entrelinhas para discernir o significado subjacente.

A melhor maneira de proceder com a comunicação em cascata é face a face, ao vivo. Ver um líder e ouvir seu tom de voz é fundamental para os funcionários, que serão capazes de fazer uma ou duas perguntas. Dito isso, as realidades das equipes virtuais e funcionários geograficamente dispersos por vezes dificultam a comunicação face a face. Nesses casos, uma ligação telefônica ou videoconferência será uma boa ideia. O essencial é que a discussão seja ao vivo e interativa.

Outra sugestão para comunicação em cascata, sempre que for possível, é fazê-la com o grupo inteiro de subordinados diretos, todos ao mesmo tempo, em vez de um por um. Além de mais eficiente, isso garante que todos ouçam a mesma mensagem e se beneficiem das perguntas e observações que surgirão.

Enquanto escrevo, percebo que os conselhos que ofereço podem soar extremamente básicos. Mas, repito, a maioria das organizações não é saudável justamente por não implementar o básico, o que exige disciplina, persistência e acompanhamento, mais do que sofisticação ou inteligência.

Além da contínua comunicação em cascata depois de cada reunião da equipe de liderança, há outras maneiras pelas quais os executivos podem garantir que as principais mensagens sejam efetivamente disseminadas por toda a organização. A primeira e mais importante é incorporar as respostas às seis questões críticas em qualquer situação que obrigue os líderes a se comunicar com os funcionários – desde recrutamento, entrevistas, orientação, administração, gratificações, treinamento até mesmo demissão. Abordaremos alguns desses itens no próximo capítulo, que esmiúça como reforçar a clareza.

Mas antes disso, analisemos uma simples estrutura para entender as várias maneiras pelas quais a comunicação flui em uma organização saudável.

COMUNICAÇÃO VERTICAL DESCENDENTE

É nesta direção que as informações essenciais em geral se movem em uma organização, por meio de reuniões gerais, boletins informativos, anúncios regulares por e-mail, redes sociais e, é claro, comunicação em cascata. Há uma abundância de livros e artigos, para não mencionar empresas de consultoria, com mais informação e conhecimento do que eu sobre essas várias formas de comunicação básica.

O mundo está cheio de organizações em que os funcionários se sentem desinformados, embora tenham completo acesso a reluzentes boletins informativos, sites interativos e reuniões de funcionários bem produzidas.

A razão pela qual a maioria das organizações não consegue estabelecer uma comunicação eficiente com os funcionários não é por não saberem montar um site de Intranet, escrever um blog ou criar uma apresentação em Power Point. O que acontece é que não divulgam suas mensagens com clareza e nem se fixam nelas. O mundo está cheio de organizações em que os funcionários se sentem desinformados, embora tenham completo acesso a reluzentes boletins informativos, sites interativos e reuniões de funcionários bem produzidas. O que elas não conseguem estabelecer é uma comunicação consistente, autêntica e relevante.

Mantendo a realidade

Um dos mais efetivos exemplos de comunicação vertical descendente que encontrei foi o do CEO de uma grande empresa de assistência médica. Todas as sextas-feiras, ele enviava um e-mail de uma a três páginas a todos os funcionários. O que me pareceu particularmente surpreendente não foi o volume de sua comunicação, mas a autenticidade, objetividade e relevância de suas mensagens.

Quando a organização entrou em um período de dificuldades, o CEO usou suas mensagens de sexta-feira para manter os funcionários focados e motivados em torno do trabalho difícil que havia pela frente. Qualquer funcionário da empresa, independentemente de seu departamento ou nível, tinha acesso aos insights inéditos e muitas vezes vulneráveis de seu líder. A empresa conseguiu resistir às tempestades que enfrentou, e decerto a comunicação permanente de seu CEO foi uma grande razão para esse sucesso.

Naturalmente, vale a pena repetir que o sucesso da comunicação vertical descendente começa com a Disciplina 1 (implantar uma equipe executiva coesa) e a Disciplina 2 (criar clareza). Sem isso, nenhum volume de comunicação será eficaz.

COMUNICAÇÃO VERTICAL ASCENDENTE E HORIZONTAL

Fornecer aos funcionários um meio de comunicação com seus líderes é importante em qualquer organização. No entanto, não é a solução mágica comumente apresentada. Isso porque equipes de liderança não coesas, sem alinhamento em torno de respostas comuns a perguntas críticas, não estão em posição de responder adequadamente às solicitações e sugestões de funcionários. Na verdade, obter mais informações dos funcionários em geral apenas exacerba a frustração em uma organização, quando essas mensagens não podem ser digeridas e utilizadas.

Ainda assim, há algo favorável em fornecer ao pessoal de uma organização canais de comunicação ascendente, seja na forma de questionários para funcionários, fóruns de discussão ou mesas redondas. O que é fundamental para sua eficácia é que os líderes não deem a impressão de que estão abdicando da responsabilidade pela tomada de decisões, concedendo um voto aos funcionários. Grandes organizações, ao contrário de países, nunca são administradas como uma democracia.

Ao mesmo tempo, é essencial que os executivos percebam que nenhum programa de comunicação ascendente tomará o lugar de um gerente que compreenda e represente a opinião de seus funcionários, e não deverá ser usado para superar as deficiências de líderes desconectados de seu pessoal.

Uma das reclamações mais comuns em organizações não saudáveis está relacionada a problemas de comunicação entre departamentos ou setores. E, por mais que os líderes desejem instituir programas especiais de comunicação para amenizar a questão, a única maneira correta para lidar com o assunto é atacar a causa pela raiz: as questões não resolvidas entre os líderes desses departamentos. O mais bem-intencionado e planejado programa de comunicação departamental não derrubará os silos, a menos que os criadores desses silos tenham a intenção de derrubá-los.

Por fim, vale a pena notar que algumas das organizações mais saudáveis que conheço não praticam muita comunicação formal ascendente ou horizontal, e algumas das menos saudáveis estão bastante envolvidas em pesquisas com funcionários, fóruns de escuta executiva e conferências departamentais. Isso é um testemunho ao fato de que, sem coesão e clareza no topo, as tentativas de comunicação nunca serão suficientes, e que, com verdadeira clareza e coesão, até mesmo pouca comunicação formal permitirá um substancial progresso.

LISTA DE VERIFICAÇÃO PARA A DISCIPLINA 3: SUPERCOMUNICAR CLAREZA

Os membros de uma equipe executiva podem ter certeza de que dominaram essa disciplina quando são capazes de confirmar as seguintes afirmações:

- A equipe executiva comunicou de forma cristalina os seis aspectos de clareza para todos os funcionários da empresa.
- Os membros da equipe relembram com regularidade os aspectos de clareza a todos os funcionários de seus departamentos.
- As reuniões da equipe terminam com acordos claros e específicos sobre o que deverá ser comunicado a seus funcionários, e essas mensagens são transmitidas via comunicação em cascata rapidamente após as reuniões.
- Os funcionários são capazes de articular com precisão a razão de existência, os valores fundamentais, as âncoras estratégicas e as metas da organização.

Retornemos às nossas duas organizações pela última vez.

A PRIMEIRA tem processos simples e práticos para recrutamento, contratação e orientação de pessoal, baseados em seus valores fundamentais, assim como para gerenciamento do desempenho dos funcionários em torno das prioridades mais importantes da organização e para bonificação e treinamento com base na cultura, na estratégia e nas operações da empresa. Além disso, os gerentes adotam esses processos e os consideram ferramentas úteis para o sucesso em seu trabalho.

A SEGUNDA tem muitos processos e sistemas de gerenciamento, a maioria deles genéricos, complexos e não personalizados para a cultura e as operações características da empresa. Como resultado, os gerentes os consideram frustrantes e irrelevantes para seu trabalho.

Pergunta: que tipo de vantagem a primeira organização teria em relação à segunda, e quanto tempo e energia valeria a pena investir para tornar essa vantagem uma realidade?

REFORÇAR A CLAREZA

Por mais importante que seja "supercomunicar", os líderes de uma organização saudável nem sempre têm a oportunidade de lembrar aos funcionários a razão de existência da empresa, seus valores, etc. Para assegurar a incorporação das respostas às seis questões críticas ao cerne da organização, os líderes devem fazer todo o possível para garantir que todo sistema humano – qualquer processo que envolva pessoas –, desde a contratação e gestão até treinamento e remuneração, seja projetado de forma a reforçá-las.

O desafio é fazer isso sem adicionar demasiada estrutura. Ou, como alguém disse certa vez, "uma organização tem que institucionalizar sua cultura sem burocratizá-la". Existe um equilíbrio delicado, mas crítico, entre uma estrutura insuficiente e uma em demasia, e os responsáveis por criar esse equilíbrio são os líderes da organização.

> **Uma organização tem que institucionalizar sua cultura sem burocratizá-la.**

Infelizmente, em geral os líderes não assumem um papel ativo na criação de sistemas humanos. Em vez disso, delegam a responsabilidade a outros na organização, geralmente ao departamento de RH ou jurídico. Surpreende-me que eles posteriormente se queixem da burocracia em suas organizações, reclamando das onerosas e tediosas avaliações de desempenho.

Culpar o RH e o setor jurídico não é justo nem útil. O problema pode ser resolvido apenas pela equipe executiva, que deve desempenhar um papel ativo na construção de sistemas humanos que reflitam e reforcem a singularidade da cultura e das operações da organização. Os executivos precisam garantir que os perfis de contratação, os processos de gerenciamento de desempenho, os programas de treinamento e os sistemas de remuneração sejam relevantes da única maneira possível: planejando-os especificamente com base nas respostas às seis perguntas.

NÃO GENÉRICOS

Muitos executivos bem-intencionados argumentarão que profissionais de RH têm mais conhecimento e experiência na construção de sistemas humanos do que os membros da equipe de liderança, portanto devem assumir a responsabilidade de implementá-los. Embora seja verdade, não se pode esperar que o pessoal de RH cumpra uma função que seus líderes devem desempenhar.

Não me entenda mal. Profissionais de RH e do departamento jurídico exercem papéis importantes na criação e administração de sistemas humanos. Mas o projeto inicial deve ser conduzido pelas pessoas que definem a direção da organização e têm autoridade para se proteger contra a burocracia que transforma um sistema humano útil em uma distração administrativa. Quando os membros da equipe de liderança abdicam dessa responsabilidade, geralmente acabam levando à criação de sistemas e processos mais genéricos e mecânicos do que desejavam.

Alguns líderes aceitam esses processos em nome da eficiência e padronização, acreditando que, se um sistema de revisão de desempenho ou plano de compensação "é bom o suficiente para a General Electric ou Pepsi, então é bom o suficiente para nós". O problema é que eles não estão administrando a GE ou a Pepsi (qualquer pessoa que trabalhe para a GE ou a Pepsi, favor ignorar).

O fato é que os melhores sistemas humanos costumam ser os mais simples e menos sofisticados. Sua finalidade principal não é evitar ações judiciais ou imitar o que outras empresas fazem, mas manter os gerentes e funcionários focados no que a organização acredita ser importante. É por isso que um formulário de revisão de desempenho personalizado, com apenas uma página, que os gestores acolhem e levam a sério, é sempre melhor do que um de sete páginas, sofisticado e projetado por um psicólogo organizacional do Instituto Nacional de Transformação Humana e Burocrática (tal agência não existe).

Sistemas humanos oferecem uma estrutura para a organização unificar suas operações, sua cultura e seu gerenciamento, mesmo quando os líderes não estão por perto para relembrar os funcionários.

Este ponto é fundamental e não pode ser exagerado. Sistemas humanos são ferramentas para reforço da clareza. Eles oferecem uma estrutura para a organização unificar suas operações, sua cultura e seu gerenciamento, mesmo quando os líderes não estão por perto para relembrar os funcionários. E, visto que cada empresa é diferente, não há sistemas genéricos que possam ser simplesmente baixados da internet.

Vamos dar uma rápida olhada nos sistemas humanos mais importantes de que uma organização necessita, de acordo com o ciclo natural do decurso da carreira de um funcionário.

RECRUTAMENTO E CONTRATAÇÃO

Trazer as pessoas certas para uma organização e evitar as incompatíveis é tão importante quanto qualquer outra atividade prioritária que uma equipe de liderança deve supervisionar. Embora poucos líderes contestem esse fato, um grande número de empresas tem problemas em tal ponto, por várias razões.

Em primeiro lugar, muitas organizações não têm uma definição clara do que exatamente são pessoas compatíveis ou incompatíveis. Ou seja, não esclareceram um conjunto significativo de valores comportamentais para usar na seleção de potenciais funcionários. Já abordei isso quando discuti valores fundamentais, mas vale a pena repetir. Contratar sem um critério claro e rígido para o ajuste cultural dificulta muito o potencial de sucesso. E mesmo para organizações que identificaram um conjunto apropriado de valores comportamentais, vários outros problemas impedem contratações adequadas.

Entre tudo o que se diz sobre uma contratação correta, demasiada ênfase ainda é colocada em habilidades técnicas e experiência quando se trata de entrevista e seleção. Isso acontece em todos os níveis. Os executivos ficam tentados pelo conhecimento e pelo histórico de carreira dos candidatos, permitindo que esses fatores ofusquem questões comportamentais importantes. Eles não parecem acreditar na noção de que habilidades podem ser ensinadas, mas atitude não.

E mesmo organizações que definiram com clareza seus valores fundamentais e realmente acreditam que esses valores devem superar qualquer outra circunstância, por vezes perdem o rumo quando se trata de garantir a adequação cultural de novos funcionários, porque essas empresas não têm um processo adequado para contratação. Descobri que a maioria das empresas se enquadra entre duas categorias opostas na escala estrutural para contratação.

Intuição contra estrutura

Muitos líderes, especialmente aqueles que administram organizações menores, acreditam ter as habilidades naturais necessárias para escolher pessoas certas sem nenhum processo efetivo. Eles analisam suas carreiras e se lembram dos bons funcionários que contrataram, atribuindo a si mesmos o crédito por terem reconhecido o potencial dessas pessoas. No entanto, parecem bloquear a memória das contratações malsucedidas, ou então justificam esses erros com base em deficiências comportamentais ocultas em pessoas que posteriormente tiveram que demitir. Qualquer que seja o caso, eles persistem na crença de que reconhecem uma pessoa boa quando a encontram e que são capazes de realizar o processo de contratação sem muita estrutura.

O processo de triagem, entrevista e avaliação que existe nessas organizações tende a não ser exatamente um processo. Embora os currículos possam vir a ser minuciosamente examinados antes do convite para uma entrevista, as entrevistas em si em geral não têm estrutura nem planejamento prévio. Há pouca preparação e nenhuma estratégia real para identificar sinais determinantes indicando que um candidato será bem-sucedido.

De fato surpreende pensar que a decisão mais importante que um líder pode tomar – a quem vai convidar para fazer parte da organização – é comumente tratada de maneira tão descuidada. Uma das razões pelas quais isso persiste, penso, tem a ver com o considerável intervalo de tempo entre a contratação falha e o momento em que as consequências são percebidas. De alguma forma, os líderes deixam de estabelecer uma conexão causal entre o início negligente de um processo rigoroso de entrevista e seu resultado posterior. Eu me convenci disso quando reparei que muitos executivos, mesmo admitindo que fizeram uma contratação desastrada, não mudaram sua abordagem para seleção.

O outro extremo, embora um pouco menos comum, não produz resultados muito mais positivos. Quando as empresas exageram na estruturação do processo de contratação, adicionando formalidades burocráticas, anuências e análises, elas frequentemente minimizam o papel que o julgamento pessoal deve desempenhar na escolha de pessoas qualificadas. Isso é mais comum em organizações maiores, nas quais uma ênfase exagerada nos processos administrativos parece dificultar a capacidade ou o desejo dos funcionários de recrutamento em usar bom senso e discernimento pessoal. Muitas vezes, um departamento de recursos humanos ou jurídico bem-intencionado é que impulsiona esses esforços.

Como todos os especialistas, os departamentos de RH muitas vezes tentam empregar processos complexos e sofisticados, que os levam a adotar uma abordagem bastante complicada ou até mesmo acadêmica para a contratação. Em teoria, pode fazer sentido, mas é difícil treinar gerentes que, no fim das contas, venham a aderir a tais processos em larga escala. Os departamentos jurídicos, por sua vez, estão focados em evitar ações que possam surgir como resultado do processo de entrevista ou mesmo a posteriori, em caso de demissão do funcionário. Portanto, fazem o melhor que podem para eliminar a subjetividade, o que em geral significa julgamento, adicionando ainda mais estruturas. Em ambos os casos, a demasiada insistência em procedimentos ofusca o objetivo real de qualquer programa efetivo de contratação: encontrar pessoas que se encaixem na cultura da empresa e tenham maior chance de sucesso.

A melhor abordagem para contratação é instalar apenas a estrutura suficiente que garanta uma medida de consistência e aderência aos valores fundamentais – e nada mais. Exatamente. Quando se trata do processo genérico de contratação, ironicamente, acho que é melhor adotar um processo com pouca estrutura. Acredito nisso porque estrutura em excesso quase sempre interfere na capacidade de uma pessoa para usar o bom senso. Além disso, é muito mais fácil adicionar um pouco de estrutura a um sistema limitado do que desconstruir um processo complicado.

Como seria essa abordagem equilibrada? Primeiro, não deve ser apresentada em mais do que uma página, frente e verso, para descrição e processamento. Um lado explica o processo, juntamente com uma exposição dos valores fundamentais e comportamentos relacionados, indicando que certa pessoa é uma boa opção para a organização. Isso proporcionará aos entrevistadores e gerentes de recrutamento uma lista dos traços observáveis e discerníveis que devem ser confirmados ou negados no processo de entrevista e seleção. O outro lado da página pode ser usado para anotações sobre o candidato durante a entrevista.

Em segundo lugar, as exigências devem ter compatibilidade nos diversos departamentos da organização. É claro que engenheiros, profissionais de marketing e vendedores terão requisitos técnicos específicos para os funcionários em suas áreas, o que pode exigir que eles adicionem uma ou duas páginas para registrar seus critérios exclusivos. Mas, quando se trata de adequação à cultural geral – de longe a mais importante prioridade de contratação para os líderes de qualquer organização – o uso de um processo único, simples e consistente por todos os departamentos é fundamental.

Entrevista

Uma vez que os preceitos, formulários e quaisquer outros elementos simples tenham sido criados, um processo deve ser implementado para usá-los. Por uma questão de coerência, esse processo deve ter alguma estrutura, porém é fundamental que seja simples e flexível.

Quando analisamos a prática das entrevistas, notamos que muitos líderes ainda cometem os mesmos erros perpetrados há quarenta anos. Primeiro, eles posicionam o candidato sentado do outro lado de uma mesa enquanto perguntam sobre seu currículo. Segundo, não fazem um planejamento em conjunto com outros entrevistadores e acabam repetindo várias das mesmas perguntas. Em terceiro lugar, não interagem com outros entrevistadores, apenas enviam um sinal positivo ou negativo, vago e superficial para quem está organizando o processo.

Como o propósito da entrevista deve ser o de simular uma situação que ofereça aos avaliadores uma visão precisa do comportamento de um candidato, parece-me que tirá-los do escritório e fazer algo um pouco mais natural e não convencional seria uma boa ideia. Sem dúvida, até sair para um passeio ou ir às compras é melhor do que sentar-se atrás de uma mesa. O importante é fazer algo que forneça aos avaliadores uma noção real de como a pessoa irá prosperar imersa na cultura da organização e se outras pessoas gostarão de trabalhar com ela.

Em busca da contratação perfeita

Uma grande corporação, conhecida por suas célebres práticas de contratação, comprovadas por seu desempenho e pela longa lista de candidatos que gostariam trabalhar na companhia, adotou uma abordagem única para eliminar pessoas que não se encaixam na cultura empresarial. Essa cultura foi construída em torno de um sentimento bem-humorado de autodepreciação e humildade.

No processo de entrevistar um grupo de pessoas para uma função que requer grande responsabilidade e habilidade técnica, os candidatos (todos homens) foram solicitados a trocar as calças compridas por shorts cáqui. Em outras palavras, iriam passar o resto do dia andando pela sede da corporação usando paletós, gravatas, sapatos sociais, meias escuras e shorts! Eles pareciam apalermados, para dizer o mínimo.

Parte dos candidatos achou o procedimento ultrajante. Alguns ficaram desconfortáveis, outros decidiram ir embora e desistir do processo. A reação da empresa a tudo isso foi de alívio, visto que identificaram com sucesso as pessoas que, apesar de tecnicamente qualificadas, não se encaixavam na cultura da empresa. Embora alguns possam considerar esse processo divertidamente cruel, na verdade foi bastante positivo, tanto para os candidatos ao emprego quanto para a organização, evitando que várias pessoas passassem por uma experiência de trabalho frustrante e malsucedida. Ao mesmo tempo, evitou que funcionários satisfeitos, que já trabalhavam na organização, passassem pela experiência de ver a cultura que prezavam se diluir. Isso para não mencionar o dinheiro que a organização economizou, evitando uma rotatividade desnecessária.

A única maneira de fazer o processo dar certo é assegurar-se de que os avaliadores se reúnam depois das entrevistas para debater suas observações e examinar coletivamente as conclusões a que chegaram.

Sem uma compreensão clara do que vem a ser um ajuste (ou desajuste) cultural adequado e sem o envolvimento ativo da equipe executiva, até mesmo o mais sofisticado processo de contratação vai falhar.

Há muitos livros que abordam contratação e entrevistas, portanto não vou entrar em maiores detalhes a respeito. No entanto, vou repetir, mais uma vez: sem uma compreensão clara do que vem a ser um ajuste (ou desajuste) cultural adequado, sem uma combinação apropriada de consistência e flexibilidade e sem o envolvimento ativo da equipe executiva, até mesmo o mais sofisticado processo de contratação vai falhar.

ORIENTAÇÃO

O momento mais memorável e de maior impacto da carreira de um funcionário acontece nos primeiros dias e semanas em um novo emprego. O efeito das primeiras impressões é marcante, e empresas saudáveis aproveitam a ocasião para orientar novos funcionários a uma direção auspiciosa. Isso significa que a orientação não deve girar em torno de longas explicações sobre benefícios e temas administrativos, mas reforçar as respostas às seis perguntas críticas.

Quando os funcionários têm a oportunidade de escutar seus líderes sobre a razão de existência da organização, os valores comportamentais considerados durante o processo de contratação, o que a organização está planejando para ser bem-sucedida, sua prioridade principal e quem faz o que na área executiva, eles podem imediatamente antever como contribuirão para o bem maior dessa organização. Isso define o tom de sua atitude e comportamento futuro, e eles voltam para casa enaltecendo o promissor nível de profissionalismo da empresa da qual agora fazem parte.

Compare isso com o modo como muitas organizações lidam com a orientação. Em vez de considerá-la a primeira oportunidade para reforçar as mensagens mais importantes da empresa, colocam maior ênfase nas responsabilidades administrativas. E, embora isso possa ajudar o novo funcionário a preencher os formulários de seguro-saúde e usar o novo sistema de e-mail (ambos certamente úteis), tende a decepcionar qualquer um que se juntou à organização empolgado por ter uma oportunidade efetiva para, de alguma forma, fazer uma diferença real.

Líderes de organizações, mesmo organizações muito grandes, precisam entender o valor de recepcionar novos funcionários com clareza, entusiasmo e senso de importância. Essa oportunidade desaparece dentro de dias ou semanas depois da chegada de um novo funcionário e nunca deve ser desperdiçada.

Existem muitas maneiras de lidar com a orientação, e não preciso me estender a respeito porque não há somente uma forma correta de tratar do assunto. O importante é que a orientação seja elaborada em torno das seis perguntas e que os líderes desempenhem um papel ativo em sua elaboração e execução.

GESTÃO DE RESULTADOS

Nada contém tanto potencial para burocracia e lentidão como sistemas de gestão de resultados. O termo em si é confuso e genérico o suficiente para fazer um gerente ocupado ter uma síncope. Portanto, creio que o vocábulo precise de uma melhor definição.

Essencialmente, *gestão de resultados* é a série de atividades que garante que os gerentes digam com clareza aos funcionários o que se espera deles, bem como feedback regular avaliando se estão ou não sendo capazes de satisfazer adequadamente essas expectativas. Isso pode parecer simples demais, mas é o ponto central da ideia e realmente deve ser simples. Infelizmente, poucas organizações são competentes em gestão de resultados, sobretudo porque há uma confusão e inconsistência sobre o motivo de fazê-la, em primeiro lugar.

Ao longo dos anos, à medida que os litígios se intensificaram, os executivos ficaram mais receosos de que funcionários demitidos processassem a empresa e levassem à escassez dos recursos financeiros. Isso é perfeitamente compreensível quando consideramos o custo exorbitante, em tempo e dinheiro, de ter que montar uma defesa legal, mesmo que por fim ganhemos a causa. Por conta disso, os departamentos jurídicos procuram usar o processo de gestão de resultados para proteger a empresa legalmente. Eles insistem que gerentes dominem a arte da documentação detalhada e da manutenção de registros, algo que poderá ser usado para inviabilizar uma ação judicial.

Por mais lógico que isso possa parecer, as consequências não intencionais são devastadoras. Mais importante, funcionários e gerentes passaram a encarar o processo de gestão de resultados como uma atividade amplamente beligerante, repleta de negociações nervosas, em vez de ser uma comunicação transparente. Ironicamente, isso pode ter exacerbado os problemas jurídicos das organizações mais do que os mitigou. Quando funcionários se concentram mais nas "avaliações" oficiais que recebem dos gerentes, e os gerentes se concentram mais na documentação do que no treinamento, é inevitável que a confiança diminua e a supervisão e a comunicação sofram.

Organizações saudáveis acreditam que o processo de gestão de resultados visa quase exclusivamente eliminar confusões. Elas entendem que a maioria de seus funcionários deseja ter sucesso e que a melhor maneira de proceder é oferecer um direcionamento claro, informações regulares sobre o progresso e acesso a qualquer treinamento que necessitem. As organizações saudáveis também percebem que mesmo os sistemas mais rigorosos não impedirão todos os processos judiciais, e que sacrificar o real propósito de seu sistema de gestão de resultados para preveni-los, mesmo que fosse possível, seria uma troca desvantajosa.

Os melhores programas de gestão de resultados – você adivinhou – são simples. Acima de tudo, são projetados para estimular o tipo certo de conversa em torno dos tópicos apropriados. Esses tópicos são alguns dos que abordei quanto à obtenção de clareza corporativa: metas, valores, funções e responsabilidades. Quando empresas criam programas de gestão de resultados simples e diretos, elas facilitam o uso pelos administradores. Isso é vantajoso porque fornece lembretes regulares para os funcionários sobre o que é importante e expande o nível de confiança ao evitar longos intervalos entre conversas significativas.

> **Os melhores programas de gestão de resultados são projetados para estimular o tipo certo de conversa em torno dos tópicos apropriados.**

Outro componente do sistema de gestão de resultados tem a ver com ações corretivas e documentação de advertências antes que um funcionário seja demitido, um assunto confuso, desagradável e, infelizmente, necessário. Deixarei tal tópico para os advogados e para os profissionais de RH que têm mais conhecimento do tema. No entanto, direi que é fundamental que as organizações separem os processos de ações corretivas do sistema regular de gestão de resultados, porque a última coisa que uma organização deseja é que seus bons funcionários tenham a sensação de que estão sendo interrogados e preparados para uma eventual demissão.

REMUNERAÇÃO E BONIFICAÇÃO

Não se preocupe, não vou entrar em grandes detalhes sobre este assunto. Mais uma vez, existem muitos livros e consultores que sabem muito, muito mais do que eu sobre os aspectos técnicos dos sistemas de remuneração e bonificação. O ponto que precisa ser mencionado aqui é que a razão mais importante para recompensar as pessoas é fornecer a elas um incentivo para fazer o que é melhor para a organização.

Sim, isso parece óbvio, mas de alguma forma os programas de remuneração e bonificação da maioria das empresas se divorciam desse propósito e assumem uma vida própria desconexa. Quando isso acontece, perdem seu valor intrínseco e se tornam fontes de distração, em vez de ferramentas de foco e motivação.

Os membros de uma equipe de liderança devem assumir a responsabilidade de garantir que os programas de remuneração e bonificação sejam simples, compreensíveis e, o mais importante, claramente projetados para lembrar aos funcionários o que é relevante para a empresa. Isso é especialmente verdadeiro no nível executivo, porque a maneira pela qual os próprios líderes são remunerados e gratificados inevitavelmente terá um impacto sobre a habilidade de motivar seu pessoal.

No centro de qualquer um desses sistemas devem estar as respostas às seis questões críticas. Por exemplo, quando os funcionários recebem um aumento, eles precisam entender que estão sendo recompensados por um desempenho compatível com a razão de existência da organização, seus valores fundamentais, âncoras estratégicas ou metas existentes. E quando se nega aos funcionários um aumento ou bônus, eles precisam entender que isso se deve a não terem desempenhado suas funções de forma compatível com esses mesmos itens. Tais situações são excelentes ocasiões para líderes demonstrarem que estão realmente comprometidos com o que alegam ser importante. Uma falha em conectar remuneração/bonificação a uma ou mais das seis questões críticas é desperdiçar uma das melhores oportunidades de motivação e gerenciamento.

Estou ciente de que nem todas as decisões relativas à remuneração são fáceis de conectar a um desempenho ou comportamento específico que esteja ligado a uma das seis grandes questões. E percebo que por vezes um funcionário recebe um aumento de 2% porque isso é tudo que o gerente pode conseguir para essa pessoa. Nessas situações, é fundamental que os líderes sejam claros com os funcionários sobre a desconexão entre desempenho e recompensa financeira, e que eles estão trabalhando para eliminar essa desconexão.

RECONHECIMENTO

Certamente remuneração e bonificações são importantes, porém não são o meio mais eficaz de motivar as pessoas em uma organização saudável.

Reconhecimento em tempo real

Um de nossos consultores estava trabalhando com a equipe executiva de uma empresa sem fins lucrativos focada em encontrar maneiras de reforçar os valores da companhia por meio de gratificações e reconhecimento pessoal, tanto formais quanto informais. Conversando a respeito de vários servidores da organização, os líderes aludiram a uma funcionária novata por conta de seu trabalho admirável em um grande projeto e como ela claramente demonstrou professar os valores da empresa.

Nosso consultor perguntou à equipe de liderança: "Então, vocês disseram a essa funcionária que ela está fazendo um ótimo trabalho e que a veem como um exemplo para outros funcionários?" Para surpresa do consultor, os executivos timidamente balançaram a cabeça.

"Bem, vamos trazê-la aqui." Os executivos da sala se entreolharam enquanto ele continuou: "Estou falando sério. Tragam a funcionária para dizer a ela o que acabaram de me contar."

Alguns minutos depois, a mulher entrou na sala. Ela parecia confusa, e até um pouco paralisada, insegura por sua presença ter sido solicitada com tanta urgência, especialmente quando pediram a ela que se sentasse na frente da sala, olhando para todo o grupo.

Nos minutos seguintes, a equipe fez perguntas sobre seu trabalho e sua participação no projeto. Em seguida, começaram a dizer quanto apreciaram suas iniciativas e como ela havia sido um verdadeiro modelo para os valores do resto da organização.

Claramente emocionada, a mulher quase chorou. Depois que ela se recompôs, agradeceu a equipe e saiu. Nosso consultor não precisou falar muito. Apenas perguntou aos líderes se achavam que aquela mulher continuaria a ser uma defensora dos valores da empresa. Eles responderam afirmativamente, é claro, e se comprometeram a, no futuro, reconhecer seus funcionários de forma mais direta e informal.

Gosto de explicar a meus clientes que os líderes, quando deixam de apontar aos funcionários o ótimo trabalho que eles fazem, estão jogando dinheiro no lixo, desperdiçando oportunidades importantes para oferecer às pessoas o reconhecimento que anseiam mais do que qualquer outra coisa. O feedback direto e pessoal é realmente a forma mais simples e eficaz de motivação.

Muitos líderes estão convencidos de que os funcionários são motivados principalmente pelo dinheiro. Como resultado, minimizam o impacto de expressões autênticas e específicas de apreciação.

Então, por que isso não é mais frequente? Por um lado, muitos líderes estão convencidos de que os funcionários são motivados principalmente pelo dinheiro. Como resultado, minimizam o impacto de expressões autênticas e específicas de apreciação e, em vez disso, concentram-se em recompensas financeiras tais como aumentos e bônus. Além disso, acredito que muitos líderes ficam um pouco constrangidos por temer que os funcionários considerem o elogio um substituto barato para recompensas financeiras.

O que os líderes precisam entender é que a grande maioria dos funcionários, em todos os níveis da organização, vê recompensas financeiras como um fator de satisfação, não como um estimulante. Isso significa que eles querem receber compensação suficiente para que se sintam satisfeitos por seu trabalho, mas dinheiro adicional não gera aumentos proporcionais em sua satisfação no emprego. E, embora não recusem um aumento, não é isso que eles realmente buscam. De fato, gratidão, reconhecimento, aumento de responsabilidades e outras formas de genuína apreciação são encorajadores. Isso significa que não há limite de reconhecimento suficiente, e um funcionário sempre ficará feliz por receber mais.

A maioria das organizações simplesmente atribui muita importância à compensação financeira e muito pouca ao outro lado da equação. Isso porque acreditam que as pessoas que saem de suas organizações o fazem por causa do dinheiro. É um erro compreensível, visto ser o que muitos funcionários dizem quando já decidiram sair. No entanto, quase nenhum colaborador deixa voluntariamente uma organização onde desfruta dos níveis de gratidão e apreço que merece apenas para ganhar um salário um pouco maior, a menos que ele seja tão mal pago que não possa mais justificar a permanência no trabalho.

"Qualquer coisa"

Um amigo trabalhou para uma empresa de consultoria de gestão por cerca de seis anos. Era bem pago, mas depois de suportar muita negligência e politicagem, decidiu sair.

Sua entrevista final foi com um gerente sênior, que nunca tinha demonstrado qualquer interesse por sua pessoa e que perguntou: "O que poderíamos ter feito para mantê-lo aqui por mais tempo?"

Meu amigo ficou um pouco surpreso com a alienação da pergunta. Depois de pensar por um momento, ele apenas sorriu e respondeu: "Qualquer coisa."

Eu conto essa história não apenas porque demonstra a importância de fatores não financeiros na satisfação profissional, mas também porque acho engraçada.

A lição para os líderes é que as organizações mais saudáveis não necessariamente oferecem os melhores salários e que jogar dinheiro em um problema que seria mais bem resolvido por uma abordagem apropriada configura um verdadeiro desperdício de recursos. Além disso, funcionários insatisfeitos que recebem uma compensação financeira maior como incentivo para permanecer em uma organização insalubre se sentem depreciados pelo gesto. Em geral, eles permanecem determinados a, em algum momento, encontrar um lugar melhor para trabalhar.

DEMISSÃO

Quando penso em demissões como um sistema humano, não estou considerando o assunto em termos do processo administrativo que uma empresa cumpre para dispensar um funcionário. Isso não tira a importância do tópico: a forma como as pessoas são tratadas ao sair de uma organização é crucial, não apenas por afetar profundamente suas vidas, mas também devido à mensagem transmitida para o restante da companhia sobre a postura de seus líderes em relação aos funcionários.

No entanto, quando se trata de construir uma organização saudável, a parte essencial do processo de demissão é a decisão de despedir alguém. Essa decisão deve ser orientada, mais do que qualquer outra coisa, pelos valores da companhia.

Em uma organização saudável, um líder que cogita dispensar algum empregado deverá avaliar essa pessoa em relação à totalidade dos valores da empresa, prestando atenção especial aos valores fundamentais e de anuência interna. Se o comportamento de um funcionário for compatível com esses valores, há uma boa chance de que demiti-lo seja um erro. Basicamente, ele tem a matéria-prima para se adaptar à organização com sucesso. Em vez de dispensá-lo, a empresa deve verificar a maneira como ele está sendo gerenciado e tentar encontrar um modo de prover uma chance de sucesso.

Mas se os líderes de uma organização estiverem claramente convencidos de que um funcionário não se adapta aos valores fundamentais e de anuência interna, mesmo que atenda aos critérios básicos de desempenho, eles serão aconselhados a gentilmente ajudar essa pessoa a encontrar emprego em outro lugar.

Manter um funcionário relativamente capaz, porém não afinado culturalmente com a empresa, transmite uma mensagem clara de que a organização não assume seus princípios com a seriedade que apregoa.

Manter um funcionário relativamente capaz, porém não afinado culturalmente com a empresa, cria uma variedade de problemas. O principal deles é que transmite uma mensagem clara de que a organização não assume seus princípios com a seriedade que apregoa. Um comportamento de tolerância que foge dos valores fundamentais inspira atitudes de cinismo, que se tornam quase impossíveis de reverter ao longo do tempo. Quando os líderes tomam a difícil decisão de exonerar um funcionário com bom desempenho por causa de um descompasso de valores, eles não apenas estão enviando uma poderosa mensagem sobre seu comprometimento com esses valores, mas também virão a descobrir que a produtividade de seus subordinados melhora, porque não estão sendo asfixiados pelo comportamento do ex-colega.

Adição por subtração

Anos atrás, antes de fundar minha própria empresa de consultoria, contratei um indivíduo talentoso para fazer parte de meu departamento. Minha equipe e eu estávamos sobrecarregados de projetos, e fiquei feliz por ter encontrado alguém que pudesse aliviar nossa carga de trabalho. Ele provou ser competente e trabalhador, mas logo tornou-se aparente que não compartilhava os valores de trabalho em equipe e altruísmo comuns a meu departamento. Ainda assim, atolado em trabalho, cometi um dos maiores erros de minha carreira: eu o promovi!

Felizmente, alguns membros da minha equipe não tiveram medo de me dizer que eu havia flagrantemente violado um de nossos valores, recompensando alguém que não se encaixava na cultura da empresa. Não tive como negar o equívoco cometido e decidi trabalhar para que aquele funcionário se ajustasse adequadamente à nossa equipe.

Em apenas algumas semanas, porém, tornou-se claro que ele não estava interessado e que sua necessidade de atenção era parte fundamental de sua personalidade. Ainda assim, era um colaborador talentoso e produtivo. Então, eu o ajudei a encontrar emprego dentro de outro departamento da organização, em um setor onde sua personalidade e seus valores seriam adequados.

Além de restaurar minha credibilidade com os membros da minha equipe, algo muito marcante aconteceu: o desempenho de meu grupo melhorou substancialmente. Sem esse colega, alguém que claramente não se encaixava na cultura comedida e independente do departamento, o entusiasmo e comprometimento dos outros funcionários aumentaram. Foi uma lição significativa, que não vou esquecer.

Em suma, manter alguém que claramente não se encaixa culturalmente é quase sempre um desserviço para essa pessoa, que está ciente da situação e em geral acaba se tornando tão frustrado quanto seus colegas. Deixá-lo ir é colocá-lo em uma posição de encontrar uma nova organização, onde ele poderá se adaptar e ser capaz de prosperar.

LISTA DE VERIFICAÇÃO PARA A DISCIPLINA 4: REFORÇAR A CLAREZA

Os membros de uma equipe executiva podem ter certeza de que dominaram essa disciplina quando são capazes de confirmar as seguintes afirmações:

- A organização tem uma maneira simples de garantir que novos contratados sejam cuidadosamente selecionados com base nos valores da empresa.
- Novos funcionários são integralmente expostos aos seis elementos de clareza corporativa.
- Os gerentes em toda a organização têm um sistema simples, consistente e não burocrático para estabelecer metas e revisar o progresso dos funcionários. Esse sistema é personalizado em torno dos elementos de clareza corporativa.
- Os funcionários que não se encaixam nos valores da empresa são orientados a sair da organização. Aqueles que se encaixam nos valores, mas não estão produzindo de modo condizente com o esperado, recebem treinamento e assistência para a obtenção de sucesso.
- Sistemas de remuneração e bonificações são construídos em torno dos valores e objetivos da organização.

A CENTRALIDADE
DE REUNIÕES EFICIENTES

Uma organização que adotou todas as quatro disciplinas expostas por certo será saudável, tornando o sucesso altamente provável. Mas uma atividade, mais do que qualquer outra, será fundamental para manter essas disciplinas e sustentar a saúde da empresa ao longo do tempo.

Nenhuma ação, atividade ou processo é mais central para uma organização saudável do que a reunião. Por mais temida que essa palavrinha com "r" possa ser, por mais adversa que tenha se tornado, não há maneira mais eficaz de promover um impacto fundamental dentro de uma organização do que mudar a forma como ela faz suas reuniões.

Na verdade, se alguém me oferecesse um único indicador para avaliar a saúde de uma organização, eu não pediria para analisar os relatórios financeiros, revisar sua linha de produtos ou até mesmo conversar com seus funcionários ou clientes. Eu escolheria observar a equipe de liderança durante uma reunião. É lá que os valores são estabelecidos, discutidos e implantados, e as decisões em torno da estratégia e táticas são avaliadas, concebidas e revisadas. Reuniões ruins são o berço de organizações insalubres; boas reuniões são a origem da coesão, clareza e comunicação.

Então, por que abominamos reuniões? Provavelmente porque elas em geral são horríveis. Frequentemente são enfadonhas, sem foco e acabam se tornando uma frustrante perda de tempo. De alguma forma, chegamos a aceitar tudo isso, acreditando que há algo inerentemente errado com a ideia de reuniões. É quase como se as considerássemos como uma forma de penitência corporativa, algo inevitável e que deve ser suportado.

Se alguém me oferecesse um único indicador para avaliar a saúde de uma organização, eu escolheria observar a equipe de liderança durante uma reunião.

Bem, estou totalmente convencido de que não há nada intrinsecamente ruim com as reuniões, nada que não possa ser remediado se nos permitirmos enfrentar os problemas que apareceram e se calcificaram ao longo dos anos. Escrevi sobre esses problemas de maneira fictícia em meu livro *Nocaute por reunião*.[1] Nessa obra abordei um conceito que se encontra no cerne do problema das reuniões, algo que chamei de reunião "ensopadão".

REUNIÃO "ENSOPADÃO"

Uma boa maneira de entender uma reunião "ensopadão" é imaginar uma pessoa sem conhecimentos culinários pegando todos os ingredientes da despensa e da geladeira, cozinhando-os em uma grande panela, e depois se perguntando por que sua mistura não tem um sabor muito bom. Líderes fazem a mesma coisa quando pautam todos os problemas em uma grande discussão, geralmente chamada de "reunião de equipe". Com frequência, combinam questões administrativas e decisões táticas, brainstorming criativo, análise estratégica e discussões de pessoal em uma reunião longa e exaustiva. E, do mesmo modo que o nosso "cozinheiro", de alguma maneira ficam surpresos quando o resultado fica aquém das expectativas.

O fato é que o cérebro humano não é destinado a processar tantos tópicos díspares de uma só vez. É preciso haver maior clareza e foco, o que significa que são necessários diferentes tipos de reuniões para diferentes tipos de questões. E, sim, a consequência é que haverá mais reuniões, não menos.

Isso mesmo. Os líderes que desejam comandar organizações saudáveis não podem tentar eliminar ou reduzir o tempo gasto em reuniões, combinando ou encurtando-as. Em vez disso, precisam se certificar de que estão comandando os tipos acertados de reuniões e devem tornar esses encontros eficazes. Como resultado – e acredite quando digo isso –, eles vão realmente ter vontade de agendar suas reuniões e até mesmo sentir prazer em realizá-las. Na verdade, a produção geral é substancialmente mais proveitosa durante elas, o que torna suas experiências e as de seus funcionários mais profícuas.

OS QUATRO ENCONTROS

Então, que tipos de reuniões a equipe de liderança de uma organização saudável deve convocar? Há quatro tipos básicos:

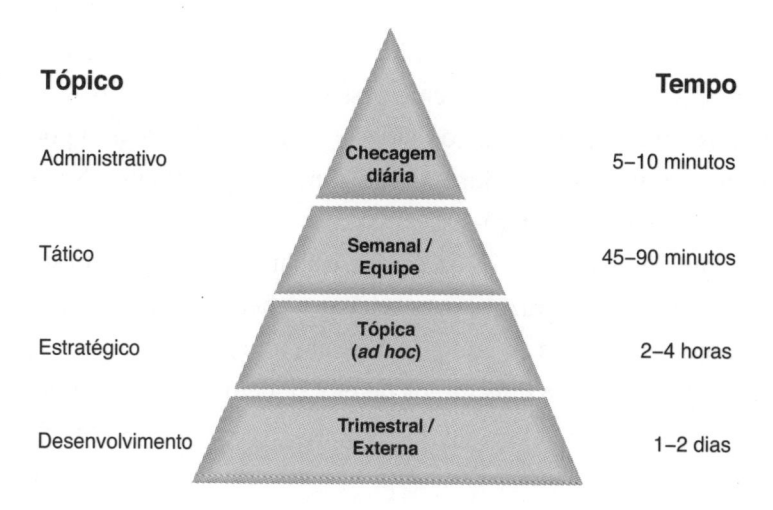

Tópico		Tempo
Administrativo	Checagem diária	5–10 minutos
Tático	Semanal / Equipe	45–90 minutos
Estratégico	Tópica (ad hoc)	2–4 horas
Desenvolvimento	Trimestral / Externa	1–2 dias

1. Checagem diária

A primeira categoria de reuniões é a menos importante, mas certamente valiosa quando possível. Em suma, a equipe adquire o hábito de se reunir uma vez por dia, por não mais do que dez minutos, para esclarecer qualquer tópico administrativo atual. Horários, eventos, alertas, esses tipos de questão.

Não há agendas nem tentativa de resolução de problemas, apenas uma troca de informações. Para garantir que essas reuniões não se transformem no que não deveriam ser, é melhor que ninguém se sente. O objetivo dessas checagens administrativas diárias é somente fazer com que a equipe se acostume a conversar com frequência e fornecer um fórum para abordar pontos táticos que podem atrapalhar questões mais importantes que surgem durante as reuniões de equipe.

Muitas equipes de liderança protestarão contra essas checagens diárias. Algumas de suas razões são válidas, outras não.

Uma boa razão para *não* fazer checagens diárias é quando os membros da equipe estão de tal modo espalhados geograficamente que não é prático esperar que eles se encontrem diariamente. Isso não quer dizer que algumas equipes virtuais não consigam ter conversas telefônicas. Mas quando são necessários esforços hercúleos por parte de pessoas em diferentes fusos horários para fazer uma tele ou videoconferência diária, isso pode se tornar apenas outra forma de incômodo no trabalho. Nesses casos, é melhor não fazê-las.

Quando os membros da equipe trabalham todos no mesmo local, não há boas razões para rejeitar a checagem diária. Mas e se alguns membros da equipe estiverem fora do escritório? Faça a sessão sem eles e informe-os de que podem ligar se tiverem a oportunidade. Sem pressão. E se alguns tiverem outras reuniões durante esse período? Primeiro, não agende reuniões durante esses dez minutos, mas no caso esporádico de que seja inevitável, não se preocupe. Os outros membros da equipe ainda poderão se encontrar. E se as pessoas acharem que estão ocupadas demais? Essa é uma desculpa ruim. Eis o porquê:

O impacto mais poderoso em ter encontros diários é a rápida resolução de problemas menores que poderiam, de outra forma, sobrecarregar e gerar trabalho desnecessário para a equipe. Por exemplo, quando os membros não se veem mais do que uma vez por semana, ou ainda com menos frequência, eles acabam tentando resolver os infindáveis problemas administrativos que aparecem diariamente por meio de um e-mail ou uma mensagem de voz, ou mesmo uma conversa rápida no corredor. Isso desencadeia uma enxurrada de e-mails, mensagens e encontros, e à medida que a situação muda, mais pessoas da equipe precisam ser informadas. Seria fascinante rastrear e calcular a quantidade de tempo e energia que os líderes gastam em questões que poderiam ser resolvidas em uma conversa de trinta segundos, caso todos estivessem diariamente na mesma sala por alguns minutos.

Uma grande vantagem da checagem diária é que os líderes sabem que vão ver seus colegas em menos de 24 horas. Portanto, em vez de enviar um e-mail ou uma mensagem de voz, ou interromper alguém durante o dia, eles simplesmente tomam nota da questão para levantar na reunião do dia seguinte. Há algo inegavelmente eficiente e libertador nisso, tornando ainda mais absurdos os protestos que ouço de executivos. É como se eles estivessem dizendo: *você não percebe como estamos ocupados tentando resolver problemas que resultam da nossa falta de comunicação? Não podemos gastar dez minutos todos os dias para evitá-los!*

Quando as equipes se acostumam com checagens diárias, parecem até ficar viciadas nelas.

Desconectados

A equipe executiva de uma empresa do Vale do Silício implantou a checagem diária, a princípio sem muito entusiasmo. Algumas semanas depois, acostumados com a atividade, faziam suas reuniões diárias de bom grado. Apesar disso, eles não haviam inteiramente entendido o benefício.

Durante um período em que um grande número de membros da equipe estava de férias, as checagens diárias foram interrompidas. Como frequentemente acontece, uma vez que todos voltaram ao trabalho, a disciplina da reunião diária não foi restabelecida.

Depois de algumas semanas, os membros da equipe se sentiram estranhamente desconectados e, ao conversarem a respeito, perceberam que a causa era a não realização das sessões diárias. O presidente da empresa explicou o que aconteceu: "Nunca nos demos conta de quanto nos aproximamos e de como conseguimos evitar o desperdício de tempo e energia até pararmos de fazer as checagens diárias."

Provavelmente as pessoas levarão algumas semanas ou um mês para se acostumar a fazer uma reunião diária. Mas, uma vez que isso acontece, os líderes descobrem que estão construindo relacionamentos mais fortes com seus colegas com muito mais rapidez do que achavam possível. Além disso, são capazes de resolver problemas menores rapidamente, para que possam se concentrar nos tópicos apropriados durante os outros três tipos de reuniões necessárias.

2. Reuniões táticas da equipe

Quando executivos se queixam de reuniões, provavelmente estão pensando em suas reuniões semanais, quinzenais ou mensais. É aqui que o "ensopado" normalmente é servido.

A verdade é que não há atividade mais valiosa em qualquer organização do que a reunião regular de uma equipe executiva. Mas, se ela não for eficaz, há pouca ou nenhuma chance de formar uma equipe coesa ou uma organização saudável.

Existem alguns elementos cruciais para que as reuniões de equipe funcionem, muitos dos quais já discuti neste livro. Por exemplo, se uma equipe for excessivamente numerosa, ou se as pessoas na sala não confiarem umas nas outras e não estiverem dispostas a se envolver em conflitos produtivos, não importa como suas reuniões são organizadas: não haverá um impacto significativo.

No entanto, considerando que uma equipe de liderança está trabalhando para ter um número apropriado de participantes com um desempenho coeso, eles ainda precisam modificar alguns pontos a respeito do que acontece anteriormente e mesmo durante as reuniões do grupo, com o intuito de torná-las convincentes, úteis e até mesmo agradáveis.

Agenda em tempo real

A primeira coisa que uma equipe deve fazer para aprimorar suas reuniões de equipe trata do que não devem fazer antes da reunião. Estou me referindo à temida agenda. Elaborar uma agenda antes de uma reunião de equipe é como um conselheiro matrimonial decidindo quais problemas abordará com um casal antes da consulta. O fato é que ninguém sabe o que precisa ser discutido até se reunir e avaliar a situação.

Em vez de preparar uma agenda com antecedência, os membros da equipe precisam passar os primeiros dez minutos da reunião criando uma pauta em tempo real. Isso envolve dois passos.

Primeiro, o líder precisa pedir a cada membro que use trinta segundos para relatar as duas ou três atividades-chave que acreditem ser suas principais prioridades para a semana. Observe que eu disse "que *acreditem* ser suas principais prioridades". Veja, é possível que, depois que todos tomem conhecimento do que está acontecendo e a equipe avalie os fatos, os membros concluam que será necessária uma revisão de prioridades.

Uma vez que todos usaram seus trinta segundos para listar (e não aprofundar) suas prioridades – a maioria usará apenas dez ou quinze segundos –, o líder passa para a segunda parte da criação de uma agenda em tempo real. Isso implica revisar o gráfico da página que a equipe criou, aquele que inclui seu objetivo temático, seus objetivos definidores e seus objetivos operacionais padrão. Cobri essa estrutura simples na Disciplina 2, quando discuti a pergunta: *o que é mais importante neste momento?*

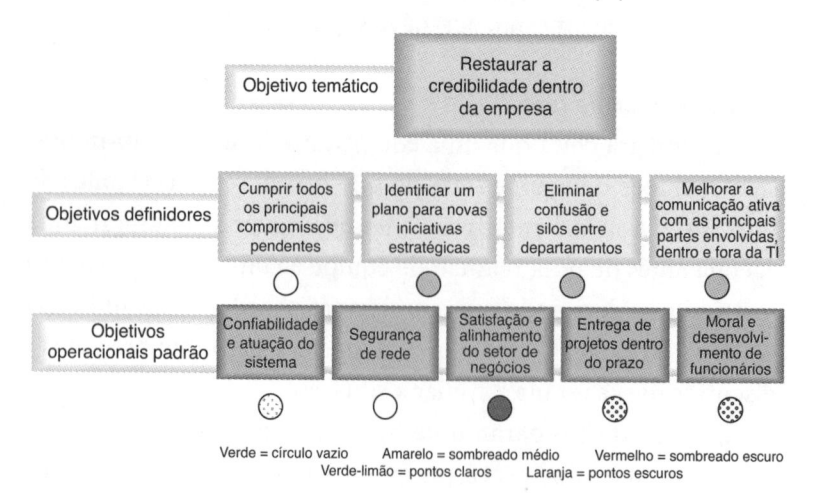

Formulário de uma reunião tática de equipe

Essa parte da reunião trata basicamente de tomar certo distanciamento e perguntar: *como estamos em relação às coisas que determinamos serem as mais importantes?* A autoavaliação das equipes é feita por um meio fácil de aferir o progresso: cores. Isso mesmo. Não importa quantos dados uma organização tenha à sua disposição, independentemente de quão inteligentes e sofisticados sejam os membros da equipe, a chave para avaliar rapidamente o progresso da organização e decidir onde colocar recursos limitados é manter o processo de avaliação o mais simples possível. Não conheço um sistema melhor que o verde para "as coisas andam bem, estamos adiantados", amarelo para "estamos bem, mas ainda não onde deveríamos estar" e vermelho para "estamos muito atrasados". (Ok, permitimos que as equipes usem o verde-limão e o laranja para as avaliações intermediárias.)

Uma equipe deve levar apenas cinco ou dez minutos para cobrir os itens em seu cartão gráfico, atribuindo uma cor a cada qual. Diferentes pessoas influenciarão a decisão sobre cada ponto, com base em sua perspectiva pessoal, o que é excelente. Na verdade, os líderes sempre aprendem muito sobre o que está acontecendo quando ouvem avaliações de seus colegas. "Eu colocaria verde no progresso de revigorar nossa mensagem de marketing", diz um executivo. "Você está brincando?", retruca outro. "Você viu os resultados do grupo de foco da semana passada?" Os olhos do primeiro executivo se arregalam. "Não, não vi. O que eles disseram?" O segundo executivo explica: "Vetaram todas as nossas ideias. Voltamos à estaca zero." Nesse ponto, todos concordam que a cor será o vermelho.

Depois que a equipe atribuiu suas cores – um processo que é realmente tão divertido quanto informativo –, então, e somente então, todos poderão concordar sobre qual será a pauta. Os tópicos provavelmente se concentrarão nas áreas vermelhas ou alaranjadas do gráfico, talvez adicionando uma ou duas áreas que estejam em uma situação particularmente crítica no momento.

A vantagem desse sistema de agenda em tempo real é que a equipe evitará o problema frequente de ter que assistir a uma apresentação ou discussão sobre algo que todos sabem ser de pouca importância para a empresa. Quando os líderes preparam agendas antecipadamente, são influenciados por pessoas que fazem um bom trabalho de lobby pessoal. Antes que alguém saiba o que está acontecendo, eles começam a exibir uma apresentação multimídia de 45 minutos sobre como o departamento de RH selecionou uma nova empresa para o programa de benefícios, mesmo quando o programa de benefícios está longe de ser digno de menção. Claro, se a empresa estiver passando por um problema de rotatividade de funcionários por causa de benefícios e este for um dos problemas críticos enfrentados pela equipe, então os executivos devem convidar o gerente de benefícios para participar. Mas os líderes devem tomar essa decisão porque ela merece a inclusão e o uso de tempo e energia da equipe executiva, e não porque seria uma gentileza a ser dirigida a alguém que deseje alguma atenção extra.

Um desafio com o qual muitas equipes de liderança se deparam durante suas reuniões é a distração que ocorre quando alguém levanta um tópico importante que não deveria ser abordado naquela ocasião. Embora possa parecer conveniente para executivos que estão frequentemente desejosos por algo novo e interessante, traz ao mesmo tempo dois problemas.

Primeiro, desvia a discussão das questões táticas que devem ser abordadas durante as reuniões da equipe. Em segundo lugar, faz com que a equipe discuta tópicos críticos quando não há tempo suficiente para chegar a uma resolução, além de assuntos sobre os quais não estão suficientemente informados ou preparados. É por isso que os líderes de uma organização saudável também devem convocar um terceiro tipo de reunião.

3. Reuniões tópicas (ad hoc)

Provavelmente, a mais interessante e atraente de todas as reuniões é a do terceiro tipo: a tópica (*ad hoc*). Na verdade, talvez seja o mais divertido encontro que líderes podem ter no trabalho.

O objetivo desse tipo de reunião é examinar questões críticas com possibilidade de causar impacto de longo prazo na organização ou que exigem tempo e energia para serem resolvidas: uma grande ameaça competitiva, uma mudança industrial prejudicial, uma oscilação substancial na receita, uma deficiência significativa de produto ou serviço, ou mesmo uma queda preocupante no moral, entre muitos outros. Qualquer um desses problemas exigiria um período maior, além de mais energia e preparação, do que lhe seria reservado durante uma reunião de equipe regular. Na verdade, é difícil imaginar a abordagem de qualquer um deles em menos de algumas horas. É necessário muito tempo para estruturar a questão, apresentar uma visão geral, mesmo superficial, da pesquisa básica do problema, debater possíveis soluções e discutir os méritos de tais decisões, para, então, chegar a uma decisão com comprometimento verdadeiro.

No entanto, as equipes executivas raramente arranjam tempo suficiente para abordar o problema. Em vez disso, tentam resolver questões importantes em cerca de quinze minutos entre as discussões de itens táticos e administrativos durante a reunião de equipe. O resultado levará não apenas a decisões insatisfatórias, mas também a uma imensa sensação de frustração entre os líderes. Essa frustração é o resultado direto de saber que eles estão tomando decisões equivocadas e que não conseguem fazer o que haviam planejado quando escolheram suas carreiras.

Deixe-me tornar isso um pouco mais claro. Quando a maioria das pessoas decide entrar no ramo empresarial, elas se imaginam sentadas ao redor de uma mesa com um grupo de colegas, ocupando-se de questões complexas e fazendo o melhor para tomar decisões certas, aproveitando o conhecimento, a experiência e a intuição de todos. É assim que se comportam ao estudarem casos na faculdade, e não há como negar que é divertido. O único problema com essas simulações é que elas não são reais e deixam todos ansiosos pelo dia em que poderão enfrentar problemas reais e tomar decisões reais com consequências reais.

E então algo bizarro acontece: os executivos no mundo real ficam tão sufocados por e-mails, recados diários e exigências administrativas que raramente – ou nunca – reservam tempo para conversas longas, desafiadoras, tensas, dramáticas e divertidas. É realmente absurdo.

O ápice de ser líder em uma organização é envolver-se em decisões e situações difíceis. Evitar esse ápice simplesmente não faz sentido.

É como um jogador de beisebol que, depois de anos de treinamento, ao chegar à liga principal, passa seu tempo em treinos, sem nunca participar de um jogo. Ou então, quando por fim entra em campo, ele o faz rapidamente e seu real desejo é retornar à prática de rebatidas. O ápice de ser um jogador de beisebol é participar de jogos, e o ápice de ser líder em uma organização é envolver-se em decisões e situações difíceis. Evitar esse ápice simplesmente não faz sentido.

Particularmente trágico é o fato de tudo isso ser a consequência do autoconvencimento dos executivos de que reuniões são inerentemente ruins. Imaginando que estão sendo eficientes, reduzem o tempo total gasto nelas, agrupando todas as discussões necessárias em uma grande reunião de equipe. O que eles realmente fazem é garantir a ineficácia das reuniões e que as discussões mais relevantes – tópicas e estratégicas – sejam abreviadas.

O que as equipes executivas precisam saber fazer – e este pode ser o conselho mais importante quando se trata de reuniões – é separar suas conversas táticas das estratégicas. Combinar os dois tipos simplesmente não funciona, e o resultado é que ambos os conjuntos de problemas acabam sendo tratados de maneira inadequada.

Quanto à frequência das reuniões tópicas, não há resposta predeterminada. Afinal, questões cruciais não aparecem de acordo com um cronograma. No entanto, se uma equipe de liderança passar mais de um mês sem fazer uma reunião estratégica, provavelmente há algo errado. É claro que, quando uma equipe inicialmente adota o modelo de reuniões específicas para tópicos estratégicos, quase sempre haverá um grande acúmulo de problemas potenciais, portanto, temporariamente, haverá maior quantidade desse tipo de reunião. Isso é positivo porque, por definição, tais tópicos merecem atenção. Adicionalmente, ninguém reclamará por ter que passar muito tempo discutindo questões críticas.

4. Avaliações trimestrais externas

O quarto tipo de reunião que toda equipe de liderança precisa ter é conhecido como *off-site*, ou externa. O problema é que, em geral, elas não passam de uma versão cara e ampliada da improdutiva reunião de equipe. O objetivo delas, como de todas as outras, deve ser específico e focado. Nesse caso, o foco engloba um distanciamento físico da empresa para a obtenção de uma nova perspectiva e, por essa razão, é melhor realizá-la fora da sede.

As atividades que devem ser abordadas durante essas reuniões incluem a revisão das âncoras estratégicas e dos objetivos temáticos da organização, a avaliação do desempenho dos principais funcionários, a discussão de mudanças no setor, ameaças da concorrência e, é claro, a análise dos comportamentos dos membros da equipe quanto à coesão. Em essência, a reunião externa é aquela em que a equipe de liderança deve parar por um momento e revisitar as quatro disciplinas abordadas neste livro: equipe, clareza, comunicação e sistemas humanos.

A frequência delas, ao contrário das outras, não é negociável. Se as reuniões táticas de equipe podem ocorrer semanal ou quinzenalmente, e as temáticas acontecem sempre que um problema surgir, as avaliações externas devem ocorrer a cada trimestre. Faz sentido realizá-las quatro vezes por ano. Caso elas ocorressem com mais frequência, a equipe não teria tempo suficiente para progredir em questões críticas e identificar tendências significativas no mercado ou na empresa. Menos frequência significa que as pessoas esquecerão o que discutiram na reunião anterior, o que torna a continuidade difícil e o progresso improvável.

Finalmente, dos quatro tipos de reuniões, a avaliação trimestral é provavelmente a que mais pode se beneficiar da utilização de um consultor externo. Muitas vezes, é bom para o líder da equipe executiva participar como membro e deixar a organização e a logística por conta de um consultor confiável.

TEMPO DEMAIS EM REUNIÕES?

Sempre que os executivos me questionam sobre a praticidade de agendar regularmente quatro tipos diferentes de reuniões, peço-lhes que somem todo o tempo que gastariam nessas reuniões em um determinado mês.

Se aplicarmos o modelo da maneira mais intensiva possível (dez minutos por dia em checagens diárias, duas horas por semana em reuniões táticas, seis horas por mês em reuniões temáticas e dois dias a cada trimestre para avaliações externas), o total de tempo é de cerca de 1.500 minutos, ou 25 horas por mês.

Considerando-se uma semana de trabalho de 50 horas, isso representa cerca de 12% do tempo total. Se calcularmos 45 horas semanais, o valor será 13%. Isso significa que, mesmo quando estamos utilizando o máximo de tempo para cada reunião, algo de que poucas equipes necessitam, mais de 85% do nosso tempo útil ainda estará disponível para executar as funções devidas.

Alguns líderes argumentarão que fazem parte de mais de uma equipe, o que tornaria esse modelo impraticável. Bem, mesmo se uma pessoa estiver em três equipes, e se todas as três equipes gastarem o tempo máximo em suas reuniões (o que é altamente improvável), ainda assim isso equivaleria a menos da metade de seu tempo total de trabalho. E quando levamos em consideração a quantidade de tempo que se economiza porque todos se concentram efetivamente nos problemas que devem ser tratados durante as reuniões, eliminando interrupções causadas pela falta de sincronia com outros líderes, o valor que obtêm por tomarem parte em um maior número de reuniões acaba aumentando.

Por fim, vale a pena perguntar: *o que mais os líderes deveriam fazer além de participar de reuniões? Escrever e-mails? Elaborar análises? Realizar visitas a clientes?* Ok, certamente há momentos e locais para essas atividades. A prioridade de um líder é criar um ambiente em que outras pessoas possam executar essas atividades, e isso não acontecerá se as reuniões não forem eficazes.

Mas e o gerenciamento? Os líderes não precisam alocar grande parte do tempo para gerenciar seu pessoal? Embora seja verdade que a atividade mais importante que um líder deve exercer (além de ser um bom membro da equipe) é gerenciar seus subordinados diretos, grande parte dessa função realmente acontece durante as reuniões. Claro, por vezes é necessária uma abordagem individual com outros integrantes da equipe, mas em geral não é a isso que executivos se referem quando reclamam sobre ter que gastar muito tempo em reuniões. A verdade é que, se os executivos comparecerem ao tipo correto de reuniões, se estiverem direcionando os problemas para uma resolução, com todos cumprindo suas responsabilidades, haverá muito menos assuntos para tratar fora das reuniões, incluindo o gerenciamento de subordinados diretos.

Vale a pena repetir a tese por trás de tudo isso: grande parte do tempo que os líderes gastam diariamente resulta da necessidade de lidar com questões que não foram adequadamente resolvidas durante reuniões. Por isso é difícil dar crédito a executivos que defendem a tese de despender menos tempo em reuniões, supondo que sejam produtivas.

Cachorro velho, novos truques

Uma organização de serviços relacionados a igrejas passava por problemas internos que estavam afetando seus clientes. Entre as inovações do líder para tornar a organização mais saudável, ele citava "reestruturação das reuniões de sua equipe de liderança" como elemento fundamental da transformação corporativa.

"Tenho 58 anos e nunca teria imaginado que um maior número de reuniões ajudaria na produtividade, mas na verdade foi o que aconteceu. Hoje, todos nós viramos fãs de reuniões."

De todas as recomendações que minha empresa oferece a nossos clientes, a adoção do modelo de reuniões aqui delineado é aceita de modo consistente e logo temos o retorno de que provoca impacto imediato.

É importante lembrar que, ao fim de cada reunião, com exceção das checagens diárias, os membros da equipe deverão esclarecer o que foi decidido e o que será divulgado às suas equipes. Isso é o que chamamos de comunicação em cascata, assunto abordado em detalhes no capítulo da Disciplina 3.

LISTA DE VERIFICAÇÃO PARA REUNIÕES

Os membros de uma equipe executiva podem ter certeza de que dominaram essa disciplina quando são capazes de confirmar as seguintes afirmações:

- Discussões táticas e estratégicas são abordadas em reuniões separadas.
- Durante as reuniões táticas da equipe, as agendas são definidas somente após o grupo revisar o presente estágio de progresso em relação às metas. Tópicos administrativos não críticos são prontamente descartados.
- Durante reuniões temáticas, algum tempo é alocado para questões importantes, com o intuito de permitir esclarecimento, debate e resolução.
- A equipe se reúne trimestralmente fora do escritório para analisar o que está acontecendo no setor, na empresa e na equipe.

Aproveitando a vantagem

O poder da saúde organizacional é inegável. Mesmo os executivos mais céticos que conheço não contestam a vantagem que poderiam obter se conseguissem tornar suas equipes de liderança mais coesas e alinhadas em torno das respostas às seis questões críticas e levar seus executivos a comunicar e reforçar essas respostas incessantemente. Na verdade, inúmeras organizações saudáveis já provaram isso. No entanto, saúde organizacional ainda é um assunto que permanece amplamente inexplorado na maioria das empresas. Mas isso há de mudar.

À medida que mais e mais líderes percebem que o limiar da vantagem competitiva ocasionará uma transformação de organizações não saudáveis em saudáveis, haverá uma mudança na mentalidade dos executivos, que delegarão atividades mais técnicas a outras pessoas e adotarão as disciplinas descritas neste livro. Se isso acontecerá nos próximos cinco, dez ou vinte anos, não sei dizer. Mas acontecerá.

Para os pioneiros na adoção da saúde organizacional, as vantagens auferidas serão ampliadas à medida que alcançarem uma diferenciação ainda maior de seus concorrentes em dificuldades. No entanto, há alguns fatores que devem ser seguidos para evitar um início frustrante e indiferença indevida. Por um lado, terão que começar o processo com atividades que darão o impulso inicial necessário para obter um resultado auspicioso. E algo ainda mais importante: os indivíduos que lideram esse processo terão que entender exatamente o que os espera.

A essa altura, já repeti algumas vezes que muitas das ideias que defendo neste livro são simples. Bem, a próxima declaração será classificada como a sugestão mais óbvia oferecida até agora: a pessoa encarregada da equipe de liderança de uma empresa é crucial para o sucesso de qualquer esforço na construção de uma organização saudável.

Por mais ridiculamente simples que isso possa parecer, não posso deixar de acreditar que muitos líderes ainda não entendem o conceito de fato. Eles consideram tarefas relacionadas à saúde organizacional como um conjunto de atividades que podem ser delegadas a outras pessoas. Alguns tomam essa atitude porque querem demonstrar a seus funcionários que têm confiança de que eles serão capazes de assumir tal responsabilidade. Isso é nobre. Outros, porque preferem gastar tempo em coisas que apreciam mais. Isso já não é tão nobre. Em ambos os casos, o resultado é o mesmo: uma organização insalubre.

Não há como fugir do fato de que o elemento mais importante, que determina se uma organização se tornará mais saudável – ou não –, é o compromisso genuíno e o envolvimento ativo da pessoa no topo da organização. Para uma empresa, é o CEO. Para uma pequena empresa, o proprietário. Para uma escola, o diretor. Para uma igreja, o pároco. Para um departamento dentro de uma empresa, é o chefe do departamento.

Não há como fugir do fato de que o elemento mais importante, que determina se uma organização se tornará mais saudável – ou não –, é o compromisso genuíno e o envolvimento ativo da pessoa no topo da organização.

A cada passo do processo, o responsável deve estar na linha de frente, não como líder de torcida ou figurante, mas como um piloto determinado e ativo.

Quando se trata de formar uma equipe coesa, os líderes devem conduzir o processo mesmo se o entusiasmo inicial de seus subordinados diretos for limitado. Também devem tomar a iniciativa de engajamento com os aspectos mais desafiadores, entre eles demonstrar vulnerabilidade, provocar conflitos, confrontar pessoas sobre seu comportamento ou advertir seus subordinados diretos quando estiverem se colocando à frente da equipe.

O líder também deve ser a força motriz, estimulando a demanda por respostas claras às seis questões críticas, mesmo quando todos os outros membros da equipe desejam terminar a discussão e apenas concordar em discordar. Eles devem constante e incessantemente lembrar à equipe de liderança a importância dessas respostas, integrando-as em todos os aspectos de relacionamentos, desde o comportamento pessoal em relação aos valores da organização até o compromisso com o grito de guerra da equipe.

Por mais tentador que seja, líderes não devem abdicar ou delegar responsabilidades de comunicação e reforço da clareza. Ao contrário, precisam desempenhar a interminável função de garantir que os funcionários de toda a organização sejam contínua e repetidamente lembrados sobre o que realmente é fundamental. Eles também devem estar atentos, não apenas ao surgimento de processos contraditórios e inconsistentes, que podem confundir funcionários, mas à burocracia que se infiltra em uma organização quando as pessoas se tornam complacentes.

Se tudo isso parece intimidante, é porque é. As pessoas que lideram organizações saudáveis estão se alistando em uma tarefa monumental – e muito altruísta. Por essa razão, precisam delegar suas responsabilidades mais técnicas, ou até mesmo suas funções favoritas, a quem pode se encarregar delas. Quando uma organização é saudável (quando o líder está fazendo seu trabalho prioritário), as pessoas encontram uma maneira de realizar o que for necessário. Por outro lado, quando uma organização é insalubre, nenhum heroísmo ou aptidão técnica compensará a confusão e a politicagem que irrompe.

A verdade é que ser o líder de uma organização saudável é bastante difícil. Mas, sem dúvida, vale a pena.

PRIMEIROS PASSOS CRUCIAIS

Para dar a suas organizações a melhor chance possível de sucesso, equipes executivas precisam cumprir alguns passos iniciais importantes a fim de impulsionar o processo.

O primeiro deles é disponibilizar tempo para lançar a proposta. Estou me referindo a uma reunião externa inicial de dois dias – dias produtivos, intensos e despidos de sentimentalismo –, concentrando o trabalho nas duas primeiras disciplinas de criação de coesão na equipe e de clareza. No fim desses dois dias, vai despontar na equipe um elevado senso de confiança e colaboração (acredite, isso acontecerá), bem como algumas respostas sólidas, se não completamente refinadas, às seis questões críticas.

Depois desse primeiro estágio, a equipe precisará criar um manual de estratégia, um pequeno resumo dessas respostas, além de tópicos relacionados à maneira como o grupo se comportará e trabalhará em conjunto no futuro. Assim que as informações do manual estiverem concluídas e as respostas, integralmente aprovadas pela equipe, o próximo passo será transmiti-las adequadamente ao restante da organização. Isso exigirá algum tipo de *comunicado inicial*, seguido por lembretes dos líderes, usando todas as formas de comunicação disponíveis. Finalmente, a equipe de liderança precisará usar um tempo, provavelmente um bom período, *elaborando sistemas* que visem reforçar as informações contidas no manual, integrando-as em todos os processos da empresa que venham a envolver pessoas.

Cada equipe, cada organização, irá abordar o processo de saúde organizacional de maneira ligeiramente diferente. Isto é positivo. Uma abordagem rígida, única, geralmente acaba não servindo a ninguém, aumentando a probabilidade de que o programa seja abandonado por tornar-se muito oneroso. No entanto, esses passos iniciais, que levam de um a seis meses, dependendo da quantidade de tempo e energia que os líderes decidam alocar à tarefa, são absolutamente essenciais. Uma vez que essa etapa tenha sido finalizada, o impulso gerado terá tomado tamanha envergadura que será difícil para os líderes se tornarem complacentes e deixarem o processo se atrofiar.

Naturalmente, o trabalho não acabou. Jamais acaba. Como num casamento, requer atenção e esforço constantes: manter uma equipe coesa, revisitar as respostas às seis questões críticas, comunicá-las intensamente e reforçá-las. Todavia, líderes de organizações saudáveis raramente se lamentam pelo investimento de tempo e energia empregados nesses esforços. Na verdade, quase sempre acabam apreciando tudo isso, porque testemunham os extraordinários benefícios que produzem, independentemente de quão simples ou pouco sofisticado tudo isso possa parecer à primeira vista.

IMPACTO FINAL

Em conclusão, é importante reconhecer que o impacto da saúde organizacional vai muito além das paredes de uma empresa, estendendo-se a clientes e fornecedores, e até mesmo a cônjuges e filhos dos colaboradores. Também resulta em pessoas indo ao trabalho pela manhã nutridas com clareza, esperança e expectativa, e retornando para casa, à noite, imbuídas por um maior senso de realização, contribuição e autoestima. O impacto disso é fundamental, embora impossível de mensurar.

Ao fim de nossas carreiras, quando olharmos para as muitas iniciativas a que nos dedicamos, poucas atividades parecerão mais dignas de nosso esforço e mais impactantes na vida do outro do que ter contribuído para tornar saudáveis nossas organizações.

LISTA DE VERIFICAÇÃO PARA A SAÚDE ORGANIZACIONAL

Considerando a lista de verificação a seguir, os membros de uma equipe de liderança podem obter um panorama geral da saúde de sua organização e, o mais importante, identificar oportunidades específicas para melhoria.

Disciplina 1: Implantar uma equipe executiva coesa

❑ A equipe de liderança é pequena o suficiente (de três a dez pessoas) para ser eficaz.

❑ Os integrantes da equipe têm confiança mútua para mostrar sua vulnerabilidade de maneira autêntica na presença uns dos outros.

❑ Os integrantes da equipe se envolvem regularmente em conflitos produtivos, abordando questões importantes.

❑ As reuniões resultam em acordos claros, definidos e específicos acerca das decisões tomadas.

❑ Os integrantes da equipe se responsabilizam por seus compromissos e comportamentos.

❑ Os membros da equipe de liderança reconhecem a prioridade de manter o foco no "time número um", colocando as prioridades coletivas e as necessidades da organização à frente dos interesses de seus próprios departamentos.

Disciplina 2: Criar clareza

❑ Os membros da equipe de liderança estão cientes da razão de existência da organização e concordam e se entusiasmam com ela.

❑ A equipe de liderança explicou e adotou um conjunto limitado e específico de valores comportamentais.

❑ Os líderes têm clareza e estão alinhados acerca de uma estratégia que os ajuda a definir sucesso e a se diferenciar dos concorrentes.

❑ A equipe de liderança está unida em torno de uma meta precisa e atual, tendo um senso coletivo de interação para com esse objetivo.

❑ Os membros da equipe de liderança compreendem os papéis e responsabilidades de todos os integrantes e se sentem à vontade para fazer perguntas sobre o trabalho de seus colegas.

❑ Os elementos de clareza da organização são concisos, resumidos e regularmente referenciados e revisados pela equipe de liderança.

Disciplina 3: Supercomunicar clareza

❑ A equipe executiva comunicou de forma cristalina os seis aspectos de clareza para todos os funcionários da empresa.

❑ Os membros da equipe relembram com regularidade os aspectos de clareza a todos os funcionários de seus departamentos.

❑ As reuniões da equipe terminam com acordos claros e específicos sobre o que deverá ser comunicado a seus funcionários, e essas mensagens são transmitidas via comunicação em cascata rapidamente após as reuniões.

❏ Os funcionários são capazes de articular com precisão a razão de existência, os valores fundamentais, as âncoras estratégicas e as metas da organização.

Disciplina 4: Reforçar a clareza

❏ A organização tem uma maneira simples de garantir que novos contratados sejam cuidadosamente selecionados com base nos valores da empresa.

❏ Novos funcionários são integralmente expostos aos seis elementos de clareza corporativa.

❏ Os gerentes em toda a organização têm um sistema simples, consistente e não burocrático para estabelecer metas e revisar o progresso dos funcionários. Esse sistema é personalizado em torno dos elementos de clareza corporativa.

❏ Os funcionários que não se encaixam nos valores da empresa são orientados a sair da organização. Aqueles que se encaixam nos valores, mas não estão produzindo de modo condizente com o esperado, recebem treinamento e assistência para a obtenção de sucesso.

❏ Sistemas de remuneração e bonificações são construídos em torno dos valores e objetivos da organização.

Reuniões

❏ Discussões táticas e estratégicas são abordadas em reuniões separadas.

❏ Durante as reuniões táticas da equipe, as agendas são definidas somente após o grupo revisar o presente estágio de progresso em relação às metas. Tópicos administrativos não críticos são prontamente descartados.

❑ Durante reuniões temáticas, algum tempo é alocado para questões importantes, com o intuito de permitir esclarecimento, debate e resolução.

❑ A equipe se reúne trimestralmente fora do escritório para analisar o que está acontecendo no setor, na empresa e na equipe.

Recursos Adicionais

Se desejar obter informações adicionais sobre a vantagem da saúde organizacional, visite nosso site: www.tablegroup.com (em inglês). Lá, você encontrará uma variedade de recursos, incluindo:

- Vídeos que descrevem os princípios da saúde organizacional;
- Uma pesquisa referente à saúde organizacional para avaliar e orientar sua empresa;
- Um roteiro para ajudar na implementação;
- Amostras que podem ser baixadas para referência;
- Uma publicação on-line com artigos e referências semanais relacionados à saúde organizacional.

Notas

Introdução

1. LENCIONI, Patrick. *As cinco tentações de um executivo*. Rio de Janeiro: Record, 2000; *As obsessões de um executivo extraordinário*. Rio de Janeiro: Record, 2002; *Os 5 desafios das equipes*. Rio de Janeiro: Sextante, 2015; *Nocaute por reunião*. Rio de Janeiro: Campus, 2004; *Silos, Politics, and Turf Wars*. São Francisco: Jossey-Bass, 2006; *The Truth About Employee Engagement*. São Francisco: Jossey-Bass, 2007; *The Three Big Questions for a Frantic Family*. São Francisco: Jossey-Bass, 2008; e *Getting Naked*. São Francisco: Jossey-Bass, 2010.

Disciplina 1: Implantar uma equipe executiva coesa

1. LENCIONI, Patrick. *Os 5 desafios das equipes*. Rio de Janeiro: Sextante, 2015 e *Overcoming the Five Dysfunctions of a Team*. São Francisco: Jossey-Bass, 2005.
2. KATZENBACH, Jon e SMITH, Douglas. *The Wisdom of Teams*. Nova York: Harper Business, 1994.
3. ARGYRIS, Chris e SCHÖN, Donald. *Organizational Learning: A Theory of Action Perspective*. Boston: Addison Wesley, 1978.
4. JONES, Edward e HARRIS, Victor. "The Attribution of Attitudes". *Journal of Experimental Social Psychology*, 1967, 3, 1–24;

ROSS, Lee. "The Intuitive Psychologist and His Shortcomings: Distortions in the Attribution Process." In: L. Berkowitz (org.) *Advances in Experimental Social Psychology*. Orlando: Academic Press, 1977.

Disciplina 2: Criar clareza

1. COLLINS, Jim e PORRAS, Jerry I. *Feitas para durar.* Rio de Janeiro: AltaBooks, 2020.
2. LENCIONI, Patrick. *Make Your Values Mean Something.* Boston: Harvard Business Review, 2002.
3. PORTER, Michael. *Estratégia competitiva.* Rio de Janeiro: Elsevier, 1999.
4. PORTER, Michael. *What Is Strategy?* Boston: Harvard Business Review, 1996.
5. LENCIONI, Patrick. *Silos, Politics, and Turf Wars.* São Francisco: Jossey-Bass, 2006.

A centralidade de reuniões eficientes

1. LENCIONI, Patrick. *Nocaute por reunião.* Rio de Janeiro: Campus, 2004.

AGRADECIMENTOS

A primeira pessoa a quem gostaria de agradecer é Tracy Noble, que esteve profundamente envolvida na elaboração deste livro desde o primeiro dia. Sua capacidade de passar de um cenário abrangente para o mais ínfimo detalhe e vice-versa é surpreendente, e aprecio imensamente sua completa e constante dedicação.

Também quero agradecer a meus colegas e amigos do The Table Group – Amy Hiett, Karen Amador, Jeff Gibson, Lynne Fiorindo, Alison Knox, Jackie Collins, Michele Rango e Kim Loureiro – por seu envolvimento, apoio e entusiasmo. Trabalhar diariamente com vocês é uma bênção múltipla. Também agradeço aos consultores do The Table Group pela imensa contribuição à experiência e pelo impacto que nossa empresa tem provocado mundo afora. Vocês me surpreendem a cada vez que eu os observo e constato o que têm realizado.

Sobretudo, naturalmente agradeço à minha esposa, Laura, por seu incansável compromisso e dedicação a mim e aos nossos quatro filhos. Com o passar dos anos, administrar nossa família parece se tornar uma tarefa cada vez mais desafiadora e, ainda assim, de alguma forma, você se mantém à altura desse desafio. Eu realmente a amo por isso, e por muitos outros motivos.

Agradeço aos meus quatro filhos – Michael, Casey, Connor e Matthew. Tenho imenso orgulho de vocês e rezo para que eu possa ser o pai que vocês precisam e merecem ter.

Agradeço aos nossos muitos clientes que nos permitem adentrar suas organizações. Quer estejamos organizando uma reunião externa, dando uma palestra, oferecendo conselhos ou enviando algum produto, saibam que nós agradecemos a confiança e respeitamos o que vocês estão realizando com o intuito de aprimorar suas organizações.

Um enorme obrigado ao meu maravilhoso agente, Jim Levine, por sua imersão em nosso mundo e por suas ideias e sugestões que nos tornam mais requintados a cada conversa.

Agradeço à minha editora de longa data, Susan Williams, e aos seus colegas da Jossey-Bass and Wiley, que toparam meus desafios nos últimos quinze anos, com a certeza de que estamos proporcionando os melhores livros possíveis.

Agradeço aos meus muitos amigos, especialmente a John Beans, ao padre Daniel Massick, Jeff Gibson, padre Paulson Mundanmani, Matthew Kelly, Daniel Harkavy e Ken Blanchard, por terem generosamente investido em mim.

E, claro, agradeço à minha mãe – pelo meu nascimento e por ainda ser mãe, passados tantos anos.

Mas, acima de tudo agradeço a Deus – Pai, Filho e Espírito Santo – por me abençoar de muitas maneiras e me oferecer um lugar cada vez mais perto Dele, ano após ano. Sua misericórdia é eterna.

Sobre o autor

PATRICK LENCIONI é fundador e presidente do The Table Group, organização dedicada a oferecer a empresas ideias, produtos e serviços que aprimoram a saúde empresarial, o trabalho em equipe e o engajamento dos funcionários. É autor de vários livros que, juntos, venderam mais de 6 milhões de exemplares e já foram traduzidos para mais de 30 idiomas, entre eles *Os 5 desafios das equipes*, também publicado pela Sextante. Quando não está escrevendo, Lencioni presta consultoria a CEOs e suas equipes de executivos. Em sua base de clientes estão várias empresas da lista da *Forbes 500*, organizações profissionais de esporte, o Exército americano, instituições sem fins lucrativos, universidades e igrejas. Além disso, todos os anos ele ministra palestras para milhares de líderes em conferências nacionais e em grandes organizações.

CONHEÇA OUTRO LIVRO DO AUTOR

OS 5 DESAFIOS DAS EQUIPES

Esta é uma fábula envolvente, realista e prática sobre liderança. Patrick Lencioni usa sua capacidade de contar boas histórias para explicar por que certas equipes dão certo e outras não.

Recém-contratada, a CEO Kathryn Petersen precisa gerenciar um grupo de executivos que é desunido a ponto de afetar a empresa inteira. Será que ela resolverá os problemas de relacionamento, ou enfrentará resistência e será demitida?

Os cenários e personagens são bastante familiares, como o funcionário talentoso que não joga para o time; um gerente proativo que assume o trabalho dos outros e com isso não se dedica à própria função; e um executivo cuja maior ambição é roubar o lugar do chefe.

Ao longo da história, o autor oferece instruções claras e diretas para superar os obstáculos que minam o trabalho em grupo: a falta de confiança, o medo de conflitos, a falta de comprometimento, evitar responsabilizar os outros e a falta de atenção aos resultados. Ele também inclui um rápido questionário para que você possa avaliar a própria equipe e identificar o melhor caminho para retomar o sucesso.

Introdução

Não são as finanças. Não é a estratégia. Não é a tecnologia. O que continua resultando em maior vantagem competitiva é o trabalho em equipe.

Um amigo meu, fundador de uma empresa que cresceu e atingiu uma receita anual de 1 bilhão de dólares, foi quem melhor expressou o poder do trabalho em equipe: "Se você conseguir colocar todos os funcionários de uma empresa remando na mesma direção, poderá dominar qualquer indústria, em qualquer mercado, contra quaisquer competidores, em qualquer época."

Toda vez que repito isso para um grupo de líderes, eles logo balançam a cabeça em concordância, mas de maneira um tanto desesperada. Parecem concordar com essa afirmação e, ao mesmo tempo, se render à ideia de que é impossível conseguir um grupo de funcionários unidos em prol do trabalho.

O trabalho em equipe sempre foi ilusório em muitas organizações, apesar de toda a atenção que recebe de acadêmicos, coaches, professores e da mídia. O fato é que, já que são compostas de seres humanos imperfeitos, as equipes são inerentemente disfuncionais.

Mas isso não quer dizer que o trabalho em equipe esteja fadado ao fracasso. Na verdade, criar um grupo forte de profissionais é possível e simples, mas é também dolorosamente árduo.

Como muitos outros aspectos da vida, esse processo pode ser resumido em dominar um conjunto de comportamentos que são descomplicados na teoria, mas extremamente complicados de colocar em prática no dia a dia. O sucesso só vem para os grupos que vencem as tendências humanas que corrompem as equipes e fazem com que políticas ineficientes sejam criadas dentro delas.

Há alguns anos, escrevi meu primeiro livro, *As cinco tentações de um executivo*, sobre as armadilhas comportamentais que atormentam os líderes. Durante o trabalho com meus clientes, percebi que alguns deles estavam aplicando as minhas teorias na tentativa de aprimorar o desempenho das equipes sob sua gestão.

Assim, ficou claro para mim que aquelas cinco tentações se aplicam não apenas a líderes, mas também, com algumas diferenças, a grupos. E não somente em empresas. Clérigos, treinadores, professores e outros profissionais descobriram que esses princípios se aplicam a seu âmbito de atuação tanto quanto ao salão nobre de uma empresa multinacional. E foi assim que este livro surgiu.

Como em outras obras minhas, *Os 5 desafios das equipes* começa com uma fábula sobre uma organização realista porém fictícia. Descobri que isso permite que os leitores aprendam melhor, pois se envolvem com o relato e se identificam com os personagens. Essa tática também os ajuda a entender como esses princípios podem ser aplicados em um ambiente real, onde o ritmo de trabalho e o volume de distrações diárias fazem com que a tarefa mais simples pareça árdua.

Para ajudá-lo a aplicar as dicas em sua empresa, após a fábula há uma seção com as cinco disfunções descritas de forma detalhada. Incluí também um questionário para avaliação da sua equipe e sugestões de ferramentas para vencer os problemas de desempenho.

Finalmente, embora este livro seja baseado em meu trabalho com CEOs e suas equipes de executivos, as teorias apresentadas aqui podem ser aplicadas por qualquer um que se interesse pelo trabalho em equipe, seja o líder de um pequeno departamento dentro de uma empresa ou membro de um grupo que precisa melhorar o desempenho. Qualquer que seja o caso, espero, sinceramente, que este material ajude a sua equipe a vencer seus desafios, de modo a alcançar mais do que um indivíduo conseguiria sozinho.

Para saber mais sobre os títulos e autores da Editora Sextante,
visite o nosso site e siga as nossas redes sociais.
Além de informações sobre os próximos lançamentos,
você terá acesso a conteúdos exclusivos
e poderá participar de promoções e sorteios.

sextante.com.br